中国数字产业竞争力提升的实践路径研究

蔡礼辉 ◎ 著

中国财经出版传媒集团

经济科学出版社
Economic Science Press

·北 京·

图书在版编目（CIP）数据

中国数字产业竞争力提升的实践路径研究／蔡礼辉
著 . -- 北京 ： 经济科学出版社，2025. 5. -- ISBN 978 -
7 - 5218 - 6801 - 2

Ⅰ. F492. 3

中国国家版本馆 CIP 数据核字第 2025LH6818 号

责任编辑：梁含依　胡成洁
责任校对：蒋子明
责任印制：范　艳

中国数字产业竞争力提升的实践路径研究

ZHONGGUO SHUZI CHANYE JINGZHENGLI TISHENG DE SHIJIAN LUJING YANJIU

蔡礼辉　著

经济科学出版社出版、发行　新华书店经销
社址：北京市海淀区阜成路甲 28 号　邮编：100142
经管中心电话：010 - 88191335　发行部电话：010 - 88191522
网址：www. esp. com. cn
电子邮箱：espcxy@ 126. com
天猫网店：经济科学出版社旗舰店
网址：http：//jjkxcbs. tmall. com
北京季蜂印刷有限公司印装
710 × 1000　16 开　9. 75 印张　200000 字
2025 年 5 月第 1 版　2025 年 5 月第 1 次印刷
ISBN 978 - 7 - 5218 - 6801 - 2　定价：49. 00 元
（图书出现印装问题，本社负责调换。电话：010 - 88191545）
（版权所有　侵权必究　打击盗版　举报热线：010 - 88191661
QQ：2242791300　营销中心电话：010 - 88191537
电子邮箱：dbts@ esp. com. cn）

前言

Preface

数字经济是继农业经济、工业经济之后的一种新的经济社会发展形态，是把握新一轮科技革命和产业变革新机遇的战略选择，是建构国家竞争新优势的强大力量。党的二十大报告强调，"加快发展数字经济，促进数字经济和实体经济深度融合，打造具有国际竞争力的数字产业集群"。《中共中央关于进一步全面深化改革　推进中国式现代化的决定》指出，要加快构建促进数字经济发展体制机制，完善促进数字产业化和产业数字化政策体系。数字产业是数字经济的核心组成部分，其发展水平决定着一个地区数字经济的辨识度、增长性和竞争力。国务院印发的《"十四五"数字经济发展规划》也提出，到 2025 年，数字经济核心产业增加值将占国内生产总值比重 10%。① 以数字产业为代表的战略性新兴产业进入变革周期，开启了世界大国兴衰交替的战略窗口，2023 年中国数字产业化占数字经济比重达到 18.7%。② 数字产业已成为引领国家未来发展的决定性力量和重要战略支点，对中国形成新的竞争优势和实现跨越发展至关重要。新发展阶段，重点聚焦战略前沿和新兴产业领域，以数据、算力、算法为驱动，以技术创新为突破点，以数字基础设施建设为支撑，加快人工智能、大数据、区块链、云计算、网络安全等

---

① 国务院关于印发"十四五"数字经济发展规划的通知［EB/OL］. 中国政府网，https://www.gov.cn/zhengce/zhengceku/2022-01/12/content_5667817.htm.

② 中国数字经济发展研究报告（2024 年）［R］. 中国信息通信研究院，http://www.caict.ac.cn/kxyj/qwfb/bps/202408/t20240827_491581.htm.

新兴数字产业发展，抢占新一轮数字产业发展制高点，打造具有国际竞争力的数字产业集群。

本书在前人研究的基础上，运用比较分析、案例分析、统计分析和计量实证分析等方法，遵循"理论分析→现实考察→实证分析→路径选择"的逻辑思路，对中国数字产业竞争力提升的理论基础与战略要义、历史演进与发展现状进行考察，并对数字产业竞争力提升的影响因素进行剖析，基于国内外先进经验，提出数字产业竞争力提升的路径选择。本书共十章，第一章阐释了数字产业竞争力提升的理论基础和战略要义；第二章分析了数字产业竞争力提升的战略基石；第三章对数字产业发展的历史演进和现状进行概述；第四章介绍了数字产业竞争力的测度指标体系和测度方法，并对中国数字产业竞争力现实情况进行测度评价；第五章着重对数字产业竞争力和新质生产力之间的关系进行实证分析；第六章分析了数字产业竞争力提升对企业 ESG 表现的影响；第七章从理论和实证的角度剖析了中国数字产业竞争力提升的影响因素；第八章梳理了国内外数字产业发展的典型案例，总结有效经验，以期为中国数字产业发展提供经验遵循；第九章分析了中国数字产业竞争力提升的目标定位与路径选择，并谋划数字产业竞争力提升的战略路径；第十章为研究结论与展望。

本书在撰写的过程中，得到了重庆市经济和信息化委员会、中共重庆市委党校、重庆市社会科学界联合会等部门的大力支持。感谢中共重庆市委党校经济学教研部孙凌宇教授、王燕飞教授、刘娟副教授的悉心指导，南开大学王珊珊助理研究员、河北省社科院高自旺助理研究员、重庆对外经贸学院任洁老师的帮助，以及中共重庆市委党校罗星宇和唐秀梅两位同学的协助。

目　录

Contents

第一章 数字产业竞争力提升的
理论基础和战略要义

　　面对外部压力加大、内部困难增多的复杂严峻形势，我国大力发展数字经济，数字经济已成为最具活力、最具创新力、影响范围最广泛的经济形态，为中国经济增长提供了强劲动力。近年来，以习近平同志为核心的党中央将数字化发展提升到战略高度，强调要牢牢把握立足新发展阶段、贯彻新发展理念、构建新发展格局的核心要义，在此基础上顺势而为，加快数字化发展进程。2024 年《政府工作报告》明确提出要深化大数据、人工智能等研发应用，开展"人工智能＋"行动，打造具有国际竞争力的数字产业集群。① 数字产业竞争力已成为各国数字经济战略博弈的新战场，数字产业正以其数字化、网络化和智能化特征对现代化产业体系进行全方位渗透。对数字产业竞争力提升的理论基础和战略要义进行分析，是稳步推进数字经济高质量发展的重要一环。

第一节　数字产业竞争力提升的理论基础

一、数字产业竞争力相关概念

（一）数字经济

　　20 世纪 40 年代，随着微电子技术的快速发展，"信息经济"概念应运而生。信息经济的快速发展促进信息通信技术（information and communications technology，ICT）和互联网技术不断进步，互联网经济逐渐兴起并广泛应用，数字经济成为共识。"数字经济"这一名词最早由塔普斯科特（Tapscott，

---

① 2024 年政府工作报告［R］.中国政府网，https：//www.gov.cn/yaowen/liebiao/202403/content_6939153.htm.

1996）在其著作《数字经济：网络智能时代的前景与风险》（*The Digital Economy*：*Promise and Peril in the Age of Networked Intelligence*）中提出，塔普斯科特并没有给出"数字经济"的确切定义，而是用其泛指互联网技术催生的各种新型经济关系。1997 年美国商务部发布的《浮现中的数字经济》（*The Emerging Digital Economy*）认为，数字经济以因特网为基础，以信息技术为先导，以信息产业为支柱。随着信息化和数字化的不断推进，特别是大数据、人工智能（artifical intelligence，AI）等数字技术在经济社会的广泛融合，"数字经济"的概念被广泛梳理和研究。莫尔顿（Moulton，1999）认为数字经济包括电子商务、信息技术、信息通信基础设施等。尼尔·莱恩（Neal Lane，1999）认为数字经济是互联网技术所引发的电子商务和组织变革。卡尔森（Carlsson，2004）认为数字经济是"新经济"，比传统经济更关注新形势的产品。经济合作与发展组织（Organization for Economic Co-operation and Development，OECD）在 2014 年提出，数字经济是由数字技术驱动的、在经济社会领域发生持续数字化转型的生态系统，该系统至少包括大数据、物联网、人工智能和区块链。

数字经济成为继工业经济之后将数字技术全面应用于经济活动的更高级的新型经济形态（裴长洪等，2018；乔晓楠等，2019；蔡跃洲等，2021）。数字经济以大数据、云计算、人工智能等数字技术为驱动手段（Sturgeon，2021），以数据作为流动资源（杨虎涛等，2023），以信息网络作为传播载体（柏培文等，2021），打破时间、空间、地域等限制，通过对信息进行分析、处理和应用，实现数字部门和非数字部门的生产效能提升（周密等，2024）和产业渗透（史丹，2022）。数字经济具备高度开放性、网络交互性和即时共享性的特征，对各国资源互换（欧阳日辉等，2022）、价值创造（张新民等，2022；李海舰等，2023）、价值链韧性增强（杨仁发等，2024）、全要素生产率提升和可持续发展（Pan et al.，2022）具有重要意义。总之，数字经济是以数字化的知识和信息作为关键生产要素，以现代信息网络作为重要载体，以信息通信技术的有效使用促进效率提升的一系列经济活动。数字经济涵盖数字产业化、产业数字化和数字化治理等多个方面，对重构经济社会发展结构和新型经济社会发展形态产生持续影响。

（二）数字产业

数字产业是以新发展理念为引领，由从事数字产品制造、数字产品服务、数字技术应用、数字要素驱动的企业主体及其相关机构等组成的（邵春堡，

2021）具有较强核心竞争力的产业（王天夫，2021；Matusek，2022；田秀娟等，2022）。不同于传统产业，数字产业高度依赖信息网络和互联网平台，实现网络化协作研发生产（Kumar，2022），并通过数字化方式对产业全链条活动进行管理（戴翔，2015；柏培文，2021；高奇琦，2023）。数字产业边界日益模糊，除涉及传统产业地理上的集聚外，还存在虚拟空间和数字空间上的集聚（赵涛，2020；张文魁，2022）。总体而言，数字产业是数字技术应用和产业转化的结果，摆脱了传统地理空间的约束，强调在全球范围内重塑价值链的分工逻辑以及运作模式（荆林波等，2019；汪小娟，2021；蔡跃洲等，2021）。数字产业体现出数据要素强化（龚强等，2022）、数据平台支撑（范如国，2021）、产业融通发展和集群生态开放（蒲松涛，2023）等特征，是实现价值链功能互补与跨界协同的重要支撑。根据国家统计局发布的《数字经济及其核心产业统计分类（2021）》及余振和陈文涵（2022）对数字产业的分类，数字产业主要包括数字产品制造业、数字产品服务业、数字技术应用业和数字要素驱动业（见表1-1）。

表1-1　　　　　　　　　　　　数字产业分类

数字产业分类	国民经济行业分类（GB/T 4754—2017）	说明
数字产品制造业	C-39 计算机、通信和其他电子设备制造业	包括计算机、通信及雷达设备、数字媒体设备、智能设备、电子元器件及设备、其他数字产品制造业6个类别
数字产品服务业	F-5145 音像制品、电子和数字出版物批发 F-5176 计算机、软件及辅助设备批发 F-5177 通信设备批发 F-5179 其他机械设备及电子产品批发 F-5193 互联网批发 F-5244 音像制品、电子和数字出版物零售 F-5273 计算机、软件及辅助设备零售 F-5274 通信设备零售 F-5279 其他电子产品零售 L-7114 计算机及通信设备经营租赁 L-7251 互联网广告服务	包括数字产品批发、数字产品零售、数字产品租赁、数字产品维修、其他数字产品服务业5个类别
数字技术应用业	I-信息传输、软件和信息技术服务业	包括软件开发、电信、广播电视和卫星传输服务、互联网相关服务、信息技术服务、其他数字技术应用业6个类别
数字要素驱动业	R-87 广播、电视、电影和录音 R-86 新闻和出版业	包括互联网平台、互联网批发零售、互联网金融、数字内容与媒体、信息基础设施建设、数据资源与产权交易、其他数字要素驱动业7个类别

（三）数字产业竞争力

迈克尔·波特（Michael E. Porter，1990）认为竞争力是国家生产力，产业竞争力是一个国家产业的国际竞争力的体现，国际竞争力的高低受国家良好商业氛围的影响。世界经济论坛（World Economic Forum，WEF）在《1996 年国际竞争力报告》（*The Global Competitiveness Report* 1996）中将竞争力定义为一个国家或地区通过制度、政策和其他生产要素的组合，实现可持续经济增长和人民生活水平提升的能力。金碚（1997）将产业竞争力定义为在国际自由贸易条件下，一国特定产业相对于他国更高的生产力，向国际市场提供符合消费者需求的产品，并持续获利的能力。张超（2002）认为产业竞争力既包括国际自由贸易市场中某产业的产品竞争能力，也包括创新能力、生产能力和生产效率。刘小铁（2003）将产业竞争力总结为"市场力 + 生产力"。盛世豪（2003）认为产业竞争力是某产业有效提供产品和服务并获取利润的能力，包括产业的定价能力、供给能力及投资盈利能力。

数字产业是数字技术规模化应用和产业化转化的结果，是数字经济的基础性、先导性产业。数字产业竞争力体现一国的数字产业在国际市场和国内市场的生产能力。数字产业竞争力与市场结构（张文魁，2022）、政策支持（戚聿东等，2022；殷利梅等，2024）、人才培养（赖立等，2023；姚战琪，2024）、数据资源开发利用（殷利梅等，2024）和政策协调（白仲林等，2024）等息息相关。与传统的产业竞争力相比，数字产业竞争力有以下特征：一方面是在以数字技术为手段，以数据要素为资源的数字嵌入竞争中，数字产业边界逐渐模糊，不再是与传统产业一样具有清晰的产业边界；另一方面是在数字经济的环境下，与其他产业的融合性增强，伴随竞争力呈现多元化扩散的趋势。

二、数字产业竞争力相关理论

（一）价值链理论

"价值链"（value chain）一词最早源于 20 世纪中后期，源自商业管理的概念。迈克尔·波特（1985）在其著作《竞争优势》（*Competitive Advantage*）一书中提出，每个企业都是产品生产经营活动的集合体，这些互不相同却又联系紧密的生产经营环节形成了一个价值创造的动态过程，即价值链。迈克尔·波特（1985）通过聚焦产品生产、消费等一系列活动，将价值链塑造为制定企业战略的基本框架，该理论揭示出企业之间的竞争体现为整个价值链的竞争，也就是说价值链的综合竞争力决定了企业的竞争力。最初，迈克尔·波特所指的价值链主要聚焦于单个企业，针对垂直一体化公司。随着国际外包业务的开展，迈克尔·波特（1998）提出了"价值体系"（value system）这一概念，该概念突破了传统企业内部的界限，将研究视野扩展到公司外部，这为后来全球价值链（Global Value Chain，GVC）概念的提出奠定了理论基础。

从价值链的角度来看，价值由一系列企业内部物质与技术上的具体活动和利润构成，即价值链中所有活动都应该由集体组织，以确保企业作为一个整体能够达到最佳运作效果。全球价值链被阐述为企业依托其资源禀赋与核心能力，通过跨国协作与战略布局，动态嵌入涵盖研发、生产、营销及服务等全流程的全球性分工体系。在此过程中，各国基于要素禀赋差异和技术梯度，遵循"微笑曲线"（Smiling Curve）理论，通过知识、资本与劳动力的差异化配置，形成多层级跨国协作网络体系，并依据各环节附加值权重实现价值增值与利益分配。数字产业因具有高创新、广覆盖、深渗透的特点，能够在动荡变化的世界格局中构筑起兼顾效率、安全与韧性的全球价值链体系。中国数字产业作为数字经济发展中先进产业的代表，要想在全球占据竞争优势，就需要向全球价值链高端攀升。

（二）产业演化理论

产业演化理论是产业理论的重要组成部分，运用演化经济学的分析范式对产业动态演变进行描述和分析，包括产业生命周期理论和产业结构演进理论。产业生命周期理论从产品生命周期理论演化而来，主要研究产业在整个生命周期内的厂商数量、竞争环境、产品创新等变化规律。产业结构演进理论重在分析产业结构的演进规律，包括一国或地区的产业构成、产业份额以及不同产业之间相互依存的情况。不同于传统的产业集聚理论，产业演化理论开启了以动态演化角度探讨产业集聚的新篇章。亚当·斯密（Adam Smith，1776）在《国富论》中阐述的分工理论是产业演进理论的雏形，20世纪20年代，熊彼特（Schumpeter）阐明了创新理论在产业演进过程中的重要作用。20世纪40~50年代，西方经济学家开始以产业发展生命周期为时间线探讨产业演进的内在机理。产业演化的动力主要包括为满足消费者多样化需求所引致的企业进入或退出机制的市场结构变化（Saviotti，2001；Antonelli，2003）、在复杂多变的市场环境中保持动态竞争优势所进行的技术更新的学习动力（Dosi et al.，2000）以及诱发产业内部制度变革和刺激产业形态演变的创新动力（Mckelvey，2007）。

随着大数据、云计算等新技术的快速发展，数据成为日益重要的生产要素，数字要素成为驱动数字产业演化发展的不竭动力。整体上，数字产业在产业演化的生命周期中由幼稚期、成长期、成熟期走向更高级别的相对稳定的产业形态，依赖所处的外部环境和产业内部结构特点，反映出产业演化周期与经济社会发展相适应的变化过程。新形势下，以高技术产业为主导，发挥数字产业的辐射带动作用，推动中国产业结构向高级化方向发展，不断优化数据、技术等创新要素配置，实现以自我发展能力为驱动力的产业演进态势。

（三）竞争优势理论

竞争优势是战略管理研究的一个核心概念，是指组织凭借其独特的竞争力，通过模仿或取代竞争对手获取经济价值的能力。梳理竞争优势的理论发展脉络，发现竞争优势理论大致可以分为基于市场定位的竞争优势理论、基于资源能力的竞争优势理论和基于顾客价值创造的竞争优势理论（赵立龙，2012）。基于市场定位的竞争优势理论以迈克尔·波特（2011）提出的"国家竞争理论"为典型代表，强调一国的竞争优势不仅来自先天的资源禀赋，还包括后天通过产业创新和升级获取的生产条件优势。基于市场定位的竞争优势理论放宽了静态比较优势假设的前提，把竞争放在随着市场或生产力发展不断自适应调整、动态调整的过程中，为后发国家打破资源壁垒提供遵循。以市场定位为基础的竞争优势理论的局限在于其忽略了组织或企业之间异质性的客观存在，难以解释相同市场条件下的竞争优势差异性。

20 世纪 80 年代，学界开始探索资源在企业竞争优势中的作用，认为企业可以通过获取开发新产品的关键资源赢得超额收益，并提出"资源基础观"一词（Wernerfelt，1984）。基于资源能力的竞争优势理论主要分为两类流派：一类是侧重于资源特征的资源基础理论，认为资源具有异质性、价值性、稀缺性等特征，能够为企业带来竞争优势（Peteraf，1993；Grant，1996）；另一类是侧重于资源利用的资源基础理论，认为在相同的资源禀赋条件下，企业配置、利用资源的能力对竞争优势的作用更为重要（Pisano and Shuen，1997；Ketchen et al.，2007）。随着顾客中心主义（Customer Centricity）范式的兴起，战略管理领域逐步形成了以顾客价值创造为核心的竞争优势理论。该理论强调，企业竞争优势的本质在于顾客对其产品或服务所感知的效用（Perceived Utility）与支付溢价意愿（Willingness-to-Pay Premium），其中顾客价值主张（Customer Value Proposition）的独特性通过"价值 – 价格比"（Value-Price Ratio）直接决定了企业在竞争位势中的可持续性（Srivastava et al.，2001；

Priem，2007）。基于市场定位、资源能力以及顾客价值创新的竞争优势理论从不同角度体现出不同的战略思想，在一定时期内共同推动了竞争优势理论的发展。以数据要素为特征的要素形式搭载了丰富的数字技术，正在以新场景、新业态的数字经济形式对人类的生产生活产生广泛而深刻的影响。企业正承受着来自竞争生态圈内技术升级和产品迭代的同业压力，以及竞争圈外数字企业的跨界融合进入市场带来的无形压力。竞争的规则、界限和策略已经与传统产业竞争有所不同，数字产业竞争力的提升既要着眼于市场定位，还要注重对资源的开发利用，同时围绕顾客价值创造获取竞争新优势。

（四）经济增长理论

中国经济社会进入高质量发展阶段，后发优势逐渐消失，外加人口红利消失、出口受阻、投资效率下降等多种因素叠加，经济发展速度放缓，对经济高质量发展形成严峻挑战。经济增长理论讨论经济社会潜在生产能力的长期变化趋势，会随着经济社会发展而不断演进，早期的经济增长理论强调经济增长主要依赖劳动分工。现代经济增长理论中，哈罗德—多马模型（Harrod-Domar Model）在凯恩斯的短期分析中整合经济增长的长期因素，强调资本积累在经济增长中的重要性。20世纪80年代，内生增长理论不断发展，强调经济增长是多种因素共同作用的结果，不仅包括劳动分工、资本积累，还包括技术进步，即不同时期形成了不同的经济增长理论。

经济增长理论的演变说明，生产函数的设定随着生产要素的不断涌现和深入拓展而不断完善。中国经济增长模式已经实现了由普通要素驱动的粗放型发展模式向高端要素协调融合的发展模式的转变，创新要素逐渐成为驱动产业基础能力和经济高质量发展的关键引擎。新形势下，数字要素成为经济发展的新引擎，推进经济高质量发展，应不断优化创新要素配置，实现以自我发展能力为驱动力的内生增长态势。

（五）熊彼特创新理论

熊彼特（1912）认为，经济发展包括规模扩大和素质提高两种方式。其中，规模扩大发生在经济要素的外部，表现为人口和财富的增加，而素质提高发生在经济要素的内部，表现为不断出现的新组合对旧组合的替代。同时，熊彼特还十分关注经济发展的理念，即经济发展的质态变化这一问题（李强，2020）。所谓质态变化实际上是经济循环中发生的各种要素的新组合，而要实现这种要素的新组合就需要企业家进行创新。从本质上讲，经济发展就是新事物的建立，以及旧的缺乏适应能力的传统事物被替代或淘汰的过程。这一过程伴随着创造与破坏的交替出现，也就是创造性破坏过程，而推动这一过程的动力就是创新。

熊彼特的创新主要包括五个方面：第一，新产品，即生产市场上没有的产品，或开发老产品的新用途；第二，新技术，既包括科学上的新发现，也指生产管理方面的改进；第三，新市场，既可以是完全开发的新市场，也可以是已经存在的市场，自身只是新的进入者；第四，获取原材料的新来源；第五，新的企业组织形式。

三、数字产业竞争力相关研究

随着全球经济的数字化转型，数字产业已成为国家和企业竞争力的重要来源。数字产业竞争力相关研究涵盖了多个维度，包括数字产业竞争力测度、影响因素及提升路径等。

（一）数字产业竞争力测度

关于数字产业竞争力的测度，学界大多遵循了一般产业竞争力的研究范式。相关研究可以分为宏观、中观和微观三个层面。在宏观层面，蓝庆新和窦凯（2019）基于熵值法构建国际竞争力综合评价体系，对全球经济总量排名前十的国家数字贸易国际竞争力水平进行测算，发现中国数字贸易国际竞争力呈快速增长态势，但与美国等国家相比仍然存在一定差距。姚战琪（2024）从效益竞争力、技术竞争力、设施竞争力、需求质量和需求条件等方面构建数字贸易国际竞争力评价指标体系，并使用熵值法等得到数字贸易国际竞争力综合评价指数。在中观层面，熊励等（2014）从内容原创指数、数字内容技术创新指数、数字内容市场发展指数、数字内容人才指数、商业环境指数、信息基础设施指数六个维度构建数字内容产业竞争力指数评价指标体系，并采用专家打分法与层次分析法相结合的方式对上海市数字内容产业竞争力进行评价。陆小莉等（2021）从规模优势和发展潜力两个维度对中国东部地区和中西部地区数字化产业竞争力进行测度和比较。季鹏和袁莉琳（2024）利用京津冀地区工商企业注册大数据，运用反距离加权插值方法探索了京津冀地区数字产品制造业的空间分布情况及演化趋势。李北伟等（2024）运用熵值法等对各省份数字产业发展水平进行测度，主要运用数字产业集聚水平衡量区域数字产业发展程度。在微观层面，徐丽梅（2020）选取数字产业全球百强企业，从规模、效率、创新和成长等维度构建全球数字企业竞争力评价指标体系。

（二）数字产业竞争力的影响因素

影响数字产业竞争力的因素是多方面的，主要包括创新能力、产业结构高级化、数字生态系统和数字产业人力资本等。创新能力是数字产业可持续发展的关键动力，对数字产业竞争力的影响主要包括两个方面，一是数据技术实力，二是科技创新能力。一方面，企业通过不断提升自身在数据处理、储存、分析、挖掘等方面的技术能力，加速数字产业的价值释放潜力，推动产业结构升级（赵立斌等，2023），加强数字产业竞争力动力机制建设（陆小莉等，2021）。另一方面，随着人工智能、云计算等技术的快速发展，数字产业的准入门槛也在不断提高，企业需要不断引入新技术、新方法、新理念以提升自身的科技创新能力，包括知识产权的数量（周文和张奕涵，2024；崔静和程文，2024）、技术标准（戚聿东等，2022）和科技成果的转化与扩散（洪银兴等，2023；马费成等，2024）。产业结构高级化是数字产业竞争力提升的助推剂，具体而言，产业结构高级化反映了产业结构向更高层级演进，形式上表现为新旧动能的接续转换和产业结构的优化升级，促进产业资源要素等趋向合理化、高效化配置（毛丰付等，2022；赵放等，2024），减少对资源和环境的依赖程度，促进数字产业可持续发展和国际竞争力的攀升。数字生态系统为数字产业竞争力发展提供了坚实基础。为应对具有高度虚拟化和网络化特征的新型产业组织管理模式，互联互通的数字生态产业基于技术逻辑（王黎萤等，2021）和市场逻辑（阳镇等，2024）一方面实现企业之间的良性互动、资源共享和优势互补，另一方面通过整合产业链上下游资源，形成合力，塑造一个开放、协同、创新的数字产业生态体系，推动数字产业竞争力持续提升。人力资本是数字产业竞争力的"活水"。数字产业属于知识密集型产业，往往需要具备数据思维能力和数据要素素养的人才队伍支撑。数字人力资本通过驱动数字产业集群的空间集聚（赵放等，2024）促进知识溢出（knowledge spillover）和技术扩散（technology diffusion）（阳立高等，2024；姚树俊等，2024），最终形成以"要素协同—结构优化—能力迭代"为路径的数字产业竞争力提升范式。

（三）数字产业竞争力的提升路径

相关研究虽尚未专门针对数字产业，但基本遵循了提升数字产业化水平的研究思路，主要基于问题导向提出竞争力提升路径。基础能力不强是阻碍数字产业竞争力提升的重要原因（王缉慈等，2019；汪发元，2021；陈晓红等，

2022；李敬等，2022），应促进数字经济和实体经济深度融合，提升产业发展的基础能力（黄群慧，2017；任保平等，2023；史丹等，2023）。创新能力不足已成为制约产业竞争力提升的核心难题（刘友金，2006；Grigorios，2016；王淑娟，2022；郑江淮等，2023），要加强企业研发投入（张楷卉，2022；田杰棠等，2023），促进产业链和创新链的深度融合。区域发展差距成为产业发展过程中亟待解决的重要问题（罗勇等，2005；赵剑波，2020），要不断强化增长极的扩散效应，缩小地域间经济发展的差距（陈晓东等，2022）。政策不完善引起的"缺位"和"越位"是阻碍产业竞争力提升的重要原因（吴勤堂，2004；刘志彪等，2018；凌永辉等，2022），政府应致力于完善相关的政策框架（孙健等，2008；胡晨光等，2011），为产业发展营造优越的综合环境（张杰等，2007；夏杰长等，2023）。

现有研究取得了丰硕的成果，为本书奠定了坚实基础。但对数字产业逻辑分析框架的研究相对缺乏，理论探讨与系统研究仍有进一步拓展的空间。当今社会，数字经济已经成为最具活力、最具创新力、影响范围最广泛的经济形态，数字产业竞争力的重要性日渐凸显，对我国数字产业竞争力进行测度分析，有利于抢占未来发展的制高点。基于此，本书构建中国数字产业竞争力指标评价体系，从宏观、中观和微观等层面对数字产业竞争力进行深入研究。

第二节　数字产业竞争力提升的战略要义

近年来，数字经济正在成为重组全球要素资源、重塑全球经济结构、改变全球竞争格局的关键力量，数字产业已成为各国抢占经济社会高质量发展制高点的关键领域。

一、推动新质生产力发展的关键支撑

生产力在实践层面的发展会随着科学技术的进步而呈现历史动态性，并获得新的时代化表达。概括地说，新质生产力是创新起主导作用，摆脱传统经济增长方式、生产力发展路径，具有高科技、高效能、高质量特征，符合新发展理念的先进生产力质态。数字经济时代背景下，数据要素、数字技术能推动生产力实现"新"的突破和"质"的跃升（李政和廖晓东，2023）。数字产业以数据要素为对象，以数字技术为手段。根据张林忆和黄志高（2024）的研究，

数字产业通过"技术—空间—生态"的逻辑推动新质生产力的发展。就技术渗透逻辑而言，数字产业正在催生原创性、颠覆性科技创新，促进数字技术在多个领域的渗透和扩散，当这种扩散和渗透达到一定程度时，就会对创新要素产生引力，促使创新要素实现虚拟聚集与地理聚集相融合，不断优化创新要素配置，持续促进群体性突破和创新，扩大技术创新演化空间，成为培育发展新质生产力新动能的关键支撑。

从空间生产逻辑来看，地理空间约束是传统产业竞争力提升的重要阻碍。早期，为了降低交流、运输、贸易等成本，企业会倾向于选择与地理位置接近或交通便捷的企业合作，进而推动特定产业领域的相关主体集聚（夏杰长，2024）。数字产业和数字技术的发展深刻改变了经济主体的交互方式，数字技术、数据要素和数字平台的广泛使用，将数字空间和物理空间有效结合，极大地拓展了市场范围，形成大规模协作，克服了空间的物理约束。虚实交融的空间交互促进新质生产力的空间扩散，推动新质劳动力、新质劳动资料、新质技术等在虚实空间完成转移和扩散，形成稳定有效的生产协调机制，促进新质生产力的发展。从生态增效逻辑来看，新质生产力本身就是绿色生产力，数字产业具有天然绿色属性，与新质生产力所呈现的人与自然和谐共生的绿色特质相呼应。数字产业竞争力提升，意味着企业实现资源配置的最优化，以及生产过程的智能化、绿色化能力不断提升，有利于发挥资源要素的乘数和倍增效应，减少资源的重复消耗和浪费，降低资源的总体投入水平。随着绿色生产能力的不断提升，信息传递渠道加速了绿色生产技术的扩散效应和溢出效应的发挥，使传统生产力在不断成长为新质生产力的同时，助推新兴生产力发展。

二、实现共同富裕的重要条件

共同富裕作为中国特色社会主义的本质要求、中国式现代化的重要特征以及全体人民群众的共同期盼，是我国开启全面建成社会主义现代化强国道路上的一项意义重大的战略决策。在数字经济规模持续壮大、数字产业蓬勃发展的今天，发展数字产业与实现共同富裕具有逻辑一致性。"富裕"意味着发展本身，实现共同富裕建立在高度发达的生产力基础之上（周泽红和郭劲廷，2022）。中国作为后发国家需要不断"追赶"的基本国情仍旧延续，产业发展在传统存量上应以融合发展为主，在新兴增量上应把握前沿趋势（张于喆，2018），推动产业结构向中高端深化，重塑产业核心竞争力。而数字产业所具有的高度技术性以及强渗透性，与数字化、信息化、网络化时代的前沿趋势和价值诉求相契合，在技术路径上凭借其强大的数据聚集效应和资源配置效应对现有价值链进行高度融合，实现产业价值渗透、交叉以及重组，进一步促进企业竞争力的提升，有助于筑牢共同富裕的物质基础。

数字产业在数字平台的依托下，凭借物联网和分布式生产等数字技术打破传统产业的地理聚集模式（夏杰长和刘诚，2021），实现产业协作的分散化和高效化，企业在柔性生产的同时提升后发优势，促进原本处于生产劣势的区域朝着协调化、均衡化的方向发展，有助于缩小发展鸿沟。此外，数字技术带来产业结构调整，在劳动岗位的替代效应与创造效应并存的实践层面会加速就业岗位分化与转移的进程（张顺，2022）。数字产业的蓬勃发展在就业市场上自然催生出一批新产业、新业态，就业岗位激增带动低收入群体和边缘群体参与就业，提高劳动者平均收入，加速社会财富积累的进程，增强主体共享程度，促进收入分配朝着更加合理公平的方向发展，为发展成果进一步惠及全体人民提供可持续性空间。

三、促进全国统一大市场建设的澎湃动能

加快建设全国统一大市场，是推动中国实现现代化强国和高质量发展的必由之路。数字产业在驱动产业创新发展的进程中，通过加速数据要素这种可以被"追踪"的数字资源自由流动，依托大数据、云计算和人工智能等技术手段，整个市场逐步变得透明和可追溯，推动构建相对公平的市场环境。数字产业可以通过破除省际贸易壁垒（夏杰长等，2023）、降低省际交易成本（赵静梅等，2023）、增强区域要素流动（付成林和王德新，2023）等方式打破市场分割的局面，成为全国统一大市场建设的澎湃动力。在竞争路径上，数字产业的兴起为市场主体提供了更多的竞争机会，数字平台的建设促使中小企业更容易进入市场参与竞争，打破大企业的垄断地位，这种竞争的加剧有助于提升市场的整体效率和创新能力，促进全国统一大市场的健康发展。在价值表现方面，数字产业的发展不仅能够推动国内市场的统一，也为中国在国际市场上增强竞争力提供了支持。通过数字技术的应用，中国深度参与全球价值链，提高出口产品的附加值，推动全国统一大市场的国际化发展。

四、促进高质量发展的重要引擎

高质量发展是全面建设社会主义现代化国家的首要任务，而创新是高质量

发展的源泉，数字产业是以数据资源为关键要素，以现代信息网络为主要载体，以信息通信技术融合应用和全要素数字化转型为重要推动力的经济形态（时业伟，2024），具有创新驱动特征。数字产业的创新驱动特征能够拓展创新要素的来源，加速创新要素在全链条环节的流通和重组，促进创新要素、创新主体、创新环节的有效衔接，不断催生新业态、新模式、新产品、新动能，促进产业创新生态平台和系统的构建，提高对外部环境变化的适应性和韧性，促使经济体转变发展方式、壮大发展动能、优化产业结构（陈凯华和康瑾，2022），从而提高经济体系的整体效能。

新一轮科技革命和产业变革推动全球产业链加速重构，中国产业链仍存在循环不畅、基础不牢、水平不高的问题，面临"低端锁定"风险。数字产业竞争力提升，能够扩大市场覆盖范围，提高市场响应速度，优化库存配置和物流配送，促进企业决策的智能化和精准化，有助于促进产业链循环，提升产业整体价值创造能力。数字产业通过提升生产效率为高质量发展奠定坚实基础。数字产业涵盖人工智能、大数据、云计算、物联网、第五代移动通信技术（5th Generation Mobile Communication Technology，5G）等前沿技术领域，这些技术的发展和应用一方面促进传统产业实现了智能化、自动化的转型升级，使企业能够快速响应市场变化，大幅提高生产过程的精准度和效率，在生产流程、资源配置及管理决策等方面的优化潜力日益凸显；另一方面数字产业的发展促进了数字技术广泛使用、数据全面循环和流通，使产业之间的供需关系更加密切，实现了与上下游企业的紧密协同，进而推动经济体系的变革与升级。

第二章 中国数字产业竞争力
提升的战略基石

在数字技术创新和经济全球化的双重推动下，全球数字产业呈现迅猛增长的态势，数字产业化与产业数字化的转型趋势日益凸显。中国高度重视数字产业发展，充分利用自身资源禀赋，促进数字技术与实体经济的深度融合，为传统产业的转型升级注入强劲动力。尽管在数字经济发展初期，中国产业基础相对薄弱，但凭借有效的市场机制和有力的政府引导，成功实现了跨越式发展，构建了国际竞争的新优势。

第一节 "数实融合"的深化催生数字产业发展

数字经济与实体经济深度融合，并不断强化数字经济对先进产业发展的基础性和支撑性作用，不断孕育新产业、新业态和新模式，催生数字产业发展。

(一) 产业转型升级需要数字经济

随着新一代信息技术在经济社会多个领域的应用，企业在生产过程中逐步向数字化、网络化和智能化转变，由此所产生的数据为产业结构升级和经济社会变革提供了新机制和新生产力。经济活动产生了海量的结构化和非结构化数据，这些数据依赖数据中心和云计算等数字技术进行处理和分析，进而转化为与应用领域相关的信息和知识，借助互联网平台传递给用户（见图 2-1），有效解决了市场信息不充分的问题。

数字产业以数据为投入要素，以数据平台为产业载体，提供双边和多边交互的支撑；数字经济可分为数字产业化和产业数字化两个进程，数字产业化为产业数字化提供数字技术、产品、服务，推动各行业数字化转型升级。与此同时，产业数字化通过数字技术对传统的实体经济进行系统化赋能和重塑，在此过程中产生海量数据，为数字产业化提供可靠的数据来源。可以看出，数字产业化和产业数字化之间是相互促进、协同发展的关系。

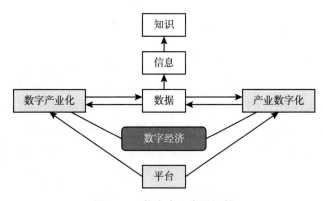

图 2 - 1　数字产业发展逻辑

中国"数实融合"全面深化，5G应用融入97个国民经济大类中的74个，工业互联网覆盖41个工业大类。① 2021年10月18日，习近平总书记在主持十九届中央政治局第三十四次集体学习时提出，当今时代，数字技术、数字经济是世界科技革命和产业变革的先机，是新一轮国际竞争重点领域，我们一定要抓住先机、抢占未来发展制高点。② 党的二十大报告也明确指出要加快发展数字经济，促进数字经济和实体经济深度融合，打造具有国际竞争力的数字产业集群。③ 这足以说明，党和国家对发展数字经济高度重视，将数字化转型和智能化升级作为推动经济高质量发展的重大战略举措。近年来，中国围绕智能网联新能源汽车、新一代电子信息制造业、先进材料等领域形成现代化产业集群，为数字经济的发展提供了坚实的产业基础。深化人工智能、物联网、云计算等领域的应用，助力"产业大脑＋未来工厂"的产业数字化应用，为数字经济的发展提供技术支撑。在智能交通、智慧政务、数字教育、智慧旅游、智

---

① 中国经济的底气｜余晓晖．"5G＋工业互联网"是覆盖全局的数字化进程［EB/OL］．新华网，http：//www．xinhuanet．com/2024－05/30/c_1212367073．htm．

② 习近平．把握数字经济发展趋势和规律　推动我国数字经济健康发展［EB/OL］．中国政府网，https：//www．gov．cn/xinwen/2021－10/19/content_5643653．htm．

③ 习近平．高举中国特色社会主义伟大旗帜　为全面建设社会主义现代化国家而团结奋斗——在中国共产党第二十次全国代表大会上的报告［R］．中国政府网，http：//www．news．cn/politics/cpc20/2022－10/25/c_1129079429．htm．

慧医疗等领域推广数字技术应用，实现城市管理和服务的数字化、智能化、精细化，不断完善数字经济发展生态。推动"东数西算"工程建设，构建超大算力的现代化基础设施体系，为人工智能、云计算、区块链等数字技术提供支撑，提供大数据服务需求，释放公共数据价值。

（二）数字技术与传统产业的结合路径

改革开放以来，中国凭借政策支持和巨大的消费市场吸引了大量海外资本，中国经济进入快速发展期，引起产业深刻变革。产业结构随着劳动力的转移、基础教育的提升、特定政策的刺激、内外部环境的变化等因素形成了超长的产业链（见图2-2）。2009年，为减轻金融危机对中国经济的影响，国家实施"四万亿计划"，加大对高铁、公路、机场等传统基础设施建设的投入，在类目完整且链条超长的产业链基础上，又构建起一层物流网络，使该产业链条相互连接，提高了生产效率与市场竞争力，让产业链间的研发、生产、流通、营销等环节得到优化，流转过程更高效，相对成本更低，进一步保障中国经济稳定增长。

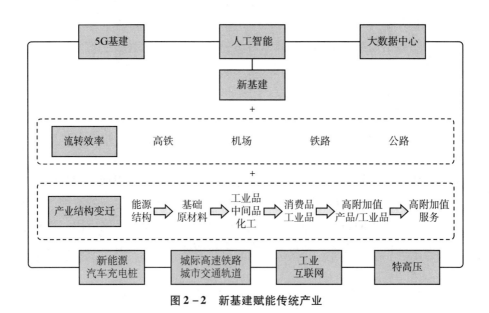

图2-2　新基建赋能传统产业

2014年，中国经济发展进入"新常态"，扩大内需和深化供给侧结构性改革成为巩固和增强经济回升势头的主要战略。由此，为更好地调度物流网络和产业链条，提高中国高附加值产品及服务的占比，中央多次强调"新基建"

的重要性。2020 年，中华人民共和国国家发展和改革委员会（以下简称"国家发改委"）明确了"新基建"的范围，包括信息基础设施、融合基础设施、创新基础设施三个方面。虽然与传统基建项目相比，新基建对经济的直接拉动作用不明显，但对于支撑数字化转型建设、充分释放新质生产力以及培养经济增长方式等方面具有无法替代的价值。新基建涉及的七大领域能更好地调度物流网和产业链，加速产业数字化升级，实现按供需关系进行生产、分配、交换和消费。工业机器人、人工智能等新一代信息技术在制造业中广泛使用，进一步促进了智能制造的快速发展，加速了全球价值链重构，推进了产业高效发展和经济转型。

第二节　战略调整的加速倒逼数字产业变革

一、全球经济进入深度调整期

随着后疫情时代的到来，全球经济进入深度调整期。以美欧为代表的发达国家在疫情期间采取史无前例的扩张性财政货币政策抑制经济衰退，导致通货膨胀，主要发达经济体为缓解通货膨胀大幅攀升，进入快速加息周期，从而抑制了各国的投资和消费。欧元区经济持续低迷，德国作为以重工业、汽车机械制造和化工为支柱产业的外向型经济体受到供应链和高通货膨胀制约，深陷能源危机泥潭。随着国际形势日益复杂，全球供应链重构日益凸显，逐渐呈现本土化、区域化、逆全球化的特征，虽然美国在美联储激进加息的背景下，经济在整体上仍保持韧性，但暴露出产业链、供应链对外过度依赖的风险。以美国为代表的西方国家正加快供应链"去中国化"。根据国家统计局数据显示，中国向美国的货物出口额占比从 2017 年的 19.0% 快速下降至 2023 年的 14.8%。①全球供应链格局调整给中国在全球供应链中的地位带来巨大冲击，在各种内外部因素交错叠加下，全球供应链呈现出链条逐步缩短、生产本地化、区域化、碎片化、数字化的发展趋势。对于面临经济增长动力不足、老龄化趋势难以逆转以及迫切需要产业结构转型的中国来说，发展数字产业是重塑在全球供应链中竞争优势的重要机遇。

---

① 国家数据［EB/OL］. 国家统计局，https：//data. stats. gov. cn/easyquery. htm？cn = C01.

二、各国数字产业战略加速调整

一国高科技产业的发展水平不仅关系到本国的国际分工地位，还直接影响供应链安全和生产活动的正常开展，硬科技和高科技产业的重要性进一步凸显。中国信息通信研究院数据显示，2023 年，美国、中国、德国、日本、韩国数字经济总量同比增长超 8%，数字经济占国内生产总值的比重为 60.0%，较 2019 年提升约 8 个百分点。① 美国在激进加息的过程中经济依旧能实现"软着陆"，更多是源于其产业规模、产业链完整度、数字技术研发实力和数字企业全球竞争力等方面表现优越。近年来，美国围绕"工业互联网""新一代智能机器人"等新技术领域，不断出台产业政策文件，如《确保美国科学技术全球领先法案（2021 年）》（Ensuring American Global Leadership and Engagement Act）、《美国创新与竞争法案》（Innovation and Competition Act）、《芯片与科学法案》（CHIPS and Science Act），聚焦关键领域，提前规划部署，与多国开展关键技术领域的合作。德国早在 2013 年就提出了工业 4.0 国家战略，随后的《国家工业战略 2030》（National Industrial Strategy 2030）、《德国数字化战略 2025》（Digital Strategy 2025）等前瞻性发展战略表现出对专精尖技术发展的重视。因此，欧盟、澳大利亚、日本等发达国家纷纷制定和发布数字经济发展相关战略，加强对前沿技术和未来产业的布局，以期刺激本国经济回暖，重塑国际竞争力，强化未来在全球产业链中的领先地位。

中国作为全世界唯一拥有联合国产业分类中全部工业门类的国家，是否能实现"换道超车"，进一步缩小与发达国家的差距，抓住此次科技革命和产业结构调整带来的赶超机会至关重要，而且能在要素成本价格上升以及发达国家再工业化的"两端挤压"中，找到摆脱"低端锁定"困境的有效方法。党的二十大报告强调，实施产业基础再造工程和重大技术装备攻关工程，支持专精特新企业发展，推动制造业高端化、智能化、绿色化发展。② 2024 年《政府工作报告》将"大力推进现代化产业体系建设，加快发展新质生产力"列为政府工作任务之首，这一系列政策表明，推动产业转型升级与数

---

① 全球主要国家数字经济快速发展，产业数字化比重最高 [EB/OL]. 光明网，https://digital. gmw. cn/2024－07/03/content_37418385. htm.

② 习近平. 高举中国特色社会主义伟大旗帜　为全面建设社会主义现代化国家而团结奋斗——在中国共产党第二十次全国代表大会上的报告 [R]. 中国政府网，http：//www. news. cn/politics/cpc20/2022－10/25/c_1129079429. htm.

字产业领域创新研发，促进中国在全球价值链分工中升级，已成为未来经济增长的重要战略。

第三节　数据资源的增长提供要素保障

一、大数据成为价值创造的源泉

在大数据时代，信息技术与多个行业深度融合，在逐步数字化的进程中累积并制造出大量数据资源，这些数据对生产与生活方式的影响与日俱增。2015 年，国务院印发的《促进大数据发展行动纲要》指出，大数据是以容量大、类型多、存取速度快、应用价值高为主要特征的数据集合，正快速发展为对数量巨大、来源分散、格式多样的数据进行采集、存储和关联分析，从中发现新知识、创造新价值、提升新能力的新一代信息技术和服务业态。大数据需要对各种来源的结构化和非结构化海量数据进行快速清洗、处理和分析，传统数据技术和工具无能为力，由此催生出很多新的大数据技术。狭义上的大数据技术主要指基于大规模并行处理（massively parallel processing，MPP）架构的新型数据库集群、基于分布式系统基础架构（Hadoop）的技术扩展和封装、适合深度学习的数据挖掘（Spark MLLib）等。广义上的大数据技术包含了相当一部分的云计算技术、人工智能技术、物联网技术和区块链技术等。

2017 年《经济学人》（The Economist）就大胆预言，数据是新的"石油"，也是当今世界最宝贵和最需要加强监管的资源。如今，数据已经出现在社会的方方面面，对数据的收集、传输、解释和处理成为数字经济发展的关键环节。2020 年，中共中央、国务院印发《关于构建更加完善的要素市场化配置体制机制的意见》，首次提出生产要素市场化配置，意见中将生产要素分为土地、劳动力、资本、技术、数据五种，明确了数据的生产要素地位。从此，大数据从一种数字化载体转变为经济社会发展不可或缺的一部分。

作为生产要素的数据，其本身不能被直接用于生产经济物品，但是却能在创造新知识或对未来的预测中发挥作用，进而指导经济物品的生产。大数据作为信息的一种表现形式，与互联网的发展密切相关。从互联网迭代的角度看，可以将数据处理整理成三个发展阶段（见表 2 - 1）。

表 2 - 1　　　　　　　　　　　　　数据处理发展演变

发展阶段	表现形式	数据生产者	数据收集平台	处理目标
第一代互联网（Web 1.0）	PC 互联	网站编辑	网易、新浪、搜狐等门户网站	少量、结构化数据分析处理
第二代互联网（Web 2.0）	移动互联	网民	论坛、微博、抖音等社交互动平台	大量、非结构化数据分析处理
第三代互联网（Web 3.0）	万物互联	电子设备本身	传感器、摄像头等电子设备	大量非结构化数据高速处理

"PC 互联—移动互联—万物互联"引发数据收集"被动—主动—自动"的发展，互联网上的数据量呈指数级增长。数据价值化的核心是预测趋势、辅助决策。大数据不仅依赖结构化数据进行决策，也利用非结构化数据进行分析，借助数据维度高、频度快、宽度广的特点提高预判的准确性。作为一种关键的生产要素，大数据通过整合社交网络数据、商业系统数据以及物联网数据，将原本孤立、静态的信息转化为动态的关联分析，实现了数据的统一管理，从而成为经济价值的重要源泉。它在社会生产、流通、分配、消费活动以及经济运行机制等多个层面发挥着至关重要的作用，推动着现代农业、工业制造、公共治理、城市管理等领域向数字化、网络化、智能化迈进，充分挖掘并释放了数据的巨大潜力。

二、算力成为新型核心生产力

数据资源是数字经济深度发展的核心，2021 年发布的《中华人民共和国国民经济和社会发展第十四个五年规划和 2035 年远景目标纲要》将"加快数字化发展，建设数字中国"单列一篇，体现出中国对数据的高效利用是"十四五"时期的重要发展方向之一。大数据的价值挖掘取决于数据传输、解释、处理的高速性，这就需要强大的算力支撑。算力是数字经济时代的新型生产力，算力网是支撑数字经济高质量发展的关键基础设施。但我国资源储备和算力资源分布存在较大差异，区域经济发展水平不平衡、不充分的问题依旧存在。随着数字经济的快速发展，数字化转型的需求不断提升，各地区数据中心的用电量也在持续提高。为解决以上问题，2021 年，国家发改委等多部门印发《全国一体化大数据中心协同创新体系算力枢纽实施方案》，提出在长三角、京津冀、成渝、粤港澳大湾区等 8 个地区布局建设全国一体化算力网络国家枢纽节点，发展数据中心集群，引导数据中心向集约化、规模化、绿色化发展。2022 年 3 月，十三届全国人大五次会议审查的计划报告提出，实施"东数西算"工程。同年 9 月，《东数西算下新型算力基础设施发展白皮书》发布。

"东数西算"工程中的"数"指数据中心，它主要分布于东部。"算"指算力，将东部的数据传输到西部进行计算和处理。"东数西算"工程可以优化我国算力资源分布，实现资源优化配置，改善区域发展不平衡的问题，提升资源利用率。全国一体化大数据中心体系总体布局设计已经完成，"东数西算"工程全面启动，布局了 8 大算力枢纽和 10 大集群，引导大型数据中心向枢纽内集聚形成数据中心集群，有效提升算力规模和效率，带动上下游产业发展。

第四节　基础设施的完善夯实数字产业基石

一、保障数字产业的发展势能

"旧基建"可直接参与经济社会活动，推动生产效率的提升，如铁路、公路、飞机等基础设施建设，在提高产业间流转率方面成效显著，但关联部门往往集中在交通运输等相关产业，局限于实体空间，重在有形连接。"新基建"利用数字技术做支撑，可拓展至虚拟空间，重在无形连接，很大程度上打破了沟通和协作的时空约束，将以互联网为代表的新一代信息技术群中涉及的相关产业联结成网络，使世界各地的消费者、生产者实现信息实时对接，在此互动过程中又会产生信息和数据要素，从而增加效率和产出。数字基础设施的联通效应和网络效应会吸引更多用户的使用和参与，进而促进国家经济体系数字化和智能化水平全面提升，最终引发生产力和生产方式的重大变革。

2018 年，中央经济工作会议首次提出"新基建"的概念，将 5G、人工智能、工业互联网、物联网定义为新型基础设施建设。2019 年《政府工作报告》要求"加快新一代信息基础设施建设"。新型基础设施建设包含 5G 基站建设、特高压、城际高速铁路和城市轨道交通、新能源汽车充电桩、大数据中心、人工智能和工业互联网七大领域，涉及多个社会民生重点行业。从这七大领域可以看出，新型基础设施不仅表现为信息网络（5G、物联网和工业互联网等），也是通过数据平台（数据中心、云计算平台等）聚合终端、处理信息和发挥算力等中心枢纽作用来实现的，主要作用是促进经济社会的高质量发展。随着对新型基础设施的认识更加充分，2020 年，国家发改委再次明确"新基建"的范围，包含信息基础设施、融合基础设施、创新基础设施三大类。总之，"新基建"含义的延伸和范围的扩大，均凸显了对技术创新能力的强化，以及对场景应用深度与广度的进一步拓展（新型基础设施三大发展方向见表 2 - 2）。

表 2 - 2　　　　　　　　　　　新型基础设施三大发展方向

目的	转型内容	表现形式	所属类型
数字转型	人工→机器 线下→线上	数字化车间、智能工厂等	新技术赋能传统产业
智能升级	催生新业态	跨境电商、无人售货、虚拟现实等	新技术形成新产业
融合创新	万物发声→智慧网联	智慧农业、智慧城市、智慧医疗等	新产业催生新模式

二、构建数字产业的技术支撑

（一）移动通信技术

5G 的本质，是高速率、低时延、广覆盖、高可靠的信息传输，其作为一种赋能技术，与物联网、人工智能、大数据、云计算等数字技术紧密连接，引导芯片、器件等交叉领域快速发展和相互融合，在现实世界和数字世界之间构建数据交互的桥梁。5G 将移动互联网拓展到移动物联网的领域，服务对象也从人与人通信延伸到人与物、物与物通信，与经济社会深度融合。5G 更高的传输速率为用户提供更优质的网络连接服务，实现高清视频直播和传输大流量移动宽带业务，提升以"人"为中心的娱乐、社交等个人消费业务的通信体验。5G 以低时延、高可靠的特点，能满足自动驾驶时延毫秒级的要求，同时在工业控制系统、远程医疗等方面也得到普遍应用，快速满足海量物联的通信需求，形成超高连接密度，应用在以传感和数据采集为目标的智慧城市、智慧物流和智慧家居等场景中。

毋庸置疑，移动通信技术的发展促进了经济信息的快速流动，使得信息交易成本和信息传递中的损失减少，有效降低了市场信息不充分、不真实的问题，优化劳动、资本、技术等生产要素的配置，提高了资源配置效率。同时，也为创新的供给者和需求者提供零距离接触平台，促进了技术进步，使高技术产业不断涌现，并逐步取代传统行业，从而促进了产业结构升级。2023 年，中国网络基础设施能级持续提升，5G 基站总数达 337.7 万个，具备千兆网络服务能力的端口达到 2302 万个。万物互联基础不断夯实，移动物联网终端用户占移动网络终端连接数的比重达到 57.5%。[①]

（二）云计算技术

云计算中的"云"意味着"线上、在线"，是从线下到线上聚合的过程。"计算"既包括内存、处理系统、硬盘等提供计算、存储、网络服务的硬件，也包括提供数据或服务的应用、数据和服务。随着互联网的普及，搜索引擎、数据库、人工智能系统等应用逐渐大规模化，单台计算机的算力已经难以支撑起大数据所需的网络运载、信息计算以及数据储存，与此同时，传统的算力结构已经接近极限。当时，中国还处于上网导航引流的门户时代，美国以国际商业机器公司（International Business Machines Corporation，IBM）、亚马逊、微软等科技巨头引导的算力革命已经开始从单机计算转向分布式计算。算力革命席卷西方国家，衍生出一批新时代算力企业，如亚马逊云、谷歌云等，迅速占领国际市场。

云计算可以理解成一个硬件资源，是一个具有巨大计算能力、网络通信能力和存储能力的数据处理中心，其资源能够快速提取并与服务供应商进行很少的交互。云计算具有超大规模资源整合能力，提供给用户近乎无限量的计算资源，采用虚拟化技术，用户可通过各种终端设备获取服务，提供资源的规模可根据用户需求进行动态伸缩调整，实现资源优化利用，满足不同用户需要且计费精准。云计算以灵活性、按需分配资源为特点，实现效率最大化。通过将一堆 0 和 1 构成的庞大无序的编码数据转化成知识作用于实体产业，有效发挥其价值。《2022～2023 全球计算力指数评估报告》指出，算力指数平均每提高 1 个点，国家的数字经济和 GDP 将分别增长 3.6‰和 1.7‰。[②] 此外，算力还是一个承上启下的中间层，连接着芯片研发和软件的上下游。

中国进入计算机行业的时间较晚，无论在基础设施建设还是集成应用方面云计算均存在明显短板。云计算的研发有两个环节，"造云"和"上云"。"造云"是算力革命中最基础、最重要的一环，只有构建起线下的集群和系统才有稳定可用的计算资源。阿里云自主研发的云计算操作系统"飞天"，经过多年

① 我国 5G 基站总数超 337 万个　5G 移动电话用户达 8.05 亿户［EB/OL］. 中国政府网，https：// www. gov. cn/lianbo/bumen/202402/content_6931704. htm.

② 2022–2023 全球计算力指数评估报告发布［EB/OL］. 光明网，https：//tech. gmw. cn/2023 – 07/12/content_36691480. htm.

测试，已成功将支付宝、淘宝、天猫等阿里系产品的关键核心系统迁移至云平台，并确保了其稳定高效运行。在此基础上，阿里云已逐步扩展服务范围，目前正为 12306、米哈游、哔哩哔哩、新浪微博等众多知名平台提供可靠的通用计算服务。随着国内互联网公司逐渐开启云计算项目，市场也普遍将 IBM、甲骨文等美国企业所提供的算力服务转向阿里云、华为云、腾讯云等自主算力平台。至此，国内的算力革命真正开始。

全面"上云"不只给企业提供产业变革的数字化方案，也让中国云计算有了突破重围的实力。无论是上游的资源、芯片，还是下游的人工智能应用，都对中国的科技产业链有巨大的推动作用。中国信息通信研究院发布的《中国算力中心服务商分析报告（2024 年）》指出，2023 年，中国在用算力中心机架总规模已超过 810 万标准机架，算力总规模达到每秒 230 百亿亿次浮点运算（230EFLOPS），位居全球第二。[①]

三、强化数字产业的有力抓手

（一）人工智能

人工智能是通过研究人类智能活动的规律，构造出具有自感知、自决策、自执行、自学习等功能的人工系统，试图制造一种具有人脑一样的智慧、充分理解人类意图的工具。对人工智能的研究分为三大学派：符号主义、联结主义和行为主义。符号主义是一种基于逻辑推理的智能模拟方法，在数学证明、国际象棋等复杂且重复性高的活动中优势明显，但符号主义过度依赖专家知识，能解决特定问题，但不能模拟人的思路，所以其地位后来被联结主义替代。随着计算机性能提升和云计算技术的发展，算力突飞猛进。以机器学习为主流的人工智能开始广泛应用，与符号主义不同，其训练过程是把历史数据"喂"给机器，让机器从数据中找出规律，从数据中归纳知识，再用知识解决新问题。行为主义作为一种更为高级的形态，其采用"感知—行动"的智能模拟方法，无须依赖大量数据训练，通过在现实环境中的交互，智能行为得以逐步进化。中国人工智能处于联结主义阶段，算力方面完全超越人类，但在抽象思维、审美理念、创意灵感等方面明显欠缺。在国际舞台上，中国在开源大模型领域取得了显著成就，例如昆仑万维的天工 3.0、阿里巴巴的阿里通义千问大

① 中国算力中心服务商分析报告（2024 年）［R］．中国信息通信研究院，https：//dsj. guizhou. gov. cn/xwzx/gnyw/202407/P020240711336673143073. pdf.

模型 1.5 版本（Qwen1.5）、百川智能的百川 2 代大模型（Baichuan2）。同时，中国在工业制造、音乐创作等专业领域也开发出了一些在综合评分上超越美国同行的垂直大模型。

人工智能与实体产业的不断结合演变推动了生产方式的变革和升级。作为第四次工业革命的核心驱动力，人工智能处于新一轮科技革命和产业变革的交汇点，应用领域逐渐从服务业向工业、农业拓展。人工智能技术正全面提升工业领域的效率，这一提升涵盖了产品研发、生产制造、市场营销等多个环节。研发过程中人工智能通过挖掘市场需求绘制用户画像，根据预判的消费偏好进行设计创作。生产流程中通过手臂机器人的普及与应用，做到降本增效，通过实时监控数据增加产品良品率，对过程中形成的数据进行分析，拟合最优生产函数，科学安排生产计划，做到生产线柔性供给和最低库存。销售环节中，分析客户聊天内容并结合客户偏好、行为和运动轨迹等预判需求，帮助企业实现精准营销。

（二）工业互联网

数字技术与传统产业的深度融合，产业链上下游企业逐步进行数字化改造，可连接各类生产要素实现供需匹配、柔性生产，不断催生新业态、新模式，推动工业生态发展壮大。同时，随着大数据、云计算等数字技术的创新融合发展，通过分析并处理从消费端、客户端收集到的非结构化数据，能够激励企业的创新行为，促进制造业企业间供应链协同，销售环节接入互联网，可提高企业线上销售额，改进企业绩效表现，使消费互联网从产业链下游向上游发展，促进消费互联网向工业互联网迭代升级。

工业互联网体现出三个方面的转变。首先，推动企业从个体生产向协同创新转变。通过工业互联网搭建信息共享与集成平台，整合不同规模、不同环节、不同位置的供应链资源，让企业能够在全球范围内发现合作对象，统筹企业上下游优势，实现产品全生命周期管理，推动制造产业向下游不断延伸。其次，促进制造业产业链融合再造。通过构建企业与用户无缝对接的平台，在时空上缩短了产业链上下游间的距离，从而将全产业链的各环节连接起来，加速各环节数据在产业链中的流通和传递，挖掘影响生产决策的数据，进行分析研判。工业互联网不仅在企业生产过程中起到极大作用，而且可做到提前预防风险，降低企业成本。最后，从制造业向经济社会全方位渗透。产业发展中利用智能感知设备等形成的数据可用于其他相关传统行业，拓展各领域不断与工业互联网结合，发掘数据价值，增加产业增值环节和内容，催生新业态、新生态，重塑经济社会发展模式。

　　工业互联网的发展和中国供给侧结构性改革、产业转型升级的内在逻辑是高度一致的，作为现代化产业体系的基础支撑，工业互联网帮助制造业实现智能化生产、网络化协同、个性化定制和服务化延伸，是中国制造业从"制造"转向"智造"的重要抓手。中国工业互联网功能体系不断完善，核心产业规模突破1.35万亿元，"5G＋工业互联网"项目数超过1.4万个，工业互联网标识注册量突破5100亿个，服务企业近45万家。具有一定影响力的综合型、特色型、专业型工业互联网平台近340家，国家工业互联网大数据中心体系加快建设，汇聚数据超14亿条。①

---

　　① 我国工业互联网核心产业规模突破1.35万亿元［EB/OL］. 央视网，https：//news. cctv. cn/2024/09/13/ARTIKdKf20p1CnlvIkTImVGQ240913. shtml.

第三章 中国数字产业发展的历史演进和现状分析

随着全球经济进入数字化时代，数字产业凭借其独特的创新性、渗透性和引领性，成为衡量一个国家综合国力和国际竞争力的关键指标。在新质生产力的推动下，数字产业正以前所未有的速度和规模重塑生产、分配、交换和消费等经济活动，引领新一轮的科技革命和产业变革。梳理数字产业的历史演进并对现状进行分析，不仅是对过去成就的回顾，更是对未来发展的有益启示。

第一节 数字产业发展的历史演进

随着第四次工业革命的到来，信息通信技术在不断更新迭代，数字产业也从中衍生发展，并日益对经济社会产生深远影响。数字产业的发展历史可以概括为萌芽阶段和融合发展阶段。

一、数字产业的萌芽阶段

第二次世界大战后，现代科学技术革命推动社会经济迅猛发展。电子计算机、光纤通信技术、卫星通信技术的兴起和普及，使信息总量与知识总量激增，信息和知识的经济价值开始受到重视。20 世纪 50 年代以来，发达国家的经济结构、产业结构、就业结构和经营方式发生了新的变化，科技进步对经济增长的贡献率日益提高，知识、信息作为新的资源在国民经济中所占比重越来越大，社会开始从工业时代向信息时代转变。美国学者弗里兹·马克卢普（Fritz Mahchlup, 1962）首次提出"信息经济"概念，强调信息产业在国民经济中的重要性，并在《美国的知识生产与分配》（*The Production and Distribution of Knowledge in the United States*）中统计了信息产业的贡献，认为信息产业在美国国民生产总值（Gross National Product，GNP）中占比高达 29%。丹尼尔·贝尔（Daniel Bell，1973）在《后工业社会的来临》（*The Coming of Post-Industrial Society*）一书中进一步发展了信息经济的概念，指出发达国家已进入后工业社会，信息成为新的战略资源。

20 世纪 80 年代，信息经济开始在经济社会中形成与发展，马克·尤里·波拉特（Marc Uri Porat，1977）在弗里兹·马克卢普（1962）研究的基础上，完成了《信息经济：定义与测量》（*The Information Economy：Definition and Measurement*）的研究，进一步细化了信息经济的结构和测量方法。他将经济划分为农业、工业、服务业和信息业，强调信息部门的重要性。由此，信息经济学逐渐形成，主要分为宏观信息经济学和微观信息经济学。宏观信息经济学研究信息产业的经济运作，微观信息经济学则关注信息的成本和价格，特别是在不对称信息条件下的市场行为。20 世纪 90 年代，信息技术开始快速发展与应用，互联网的普及带来了信息经济的快速发展。电子商务、社交媒体等新经济模式开始兴起，信息经济逐渐渗透到多个领域。这一时期，信息技术的进步使数据的采集、存储和处理变得更加高效，中国也在 1994 年正式接入全球互联网，融入全球数字化转型浪潮。数字产业正是在这种社会形态下进入萌芽阶段。信息经济时代的数字化转型以"连接"为主要特征，数字产业主要以硬件制造和软件开发为主。这一时期，数字产业的规模较小，但规模扩张迅速。

二、数字产业的融合发展阶段

20 世纪 90 年代以来，互联网开始进入商业化运行和全球化普及阶段。在这一时期，互联网技术日趋成熟，商业化进程加速，数字技术与网络技术相融合，数字经济特征发生了新的变化。全球范围的网络连接生成的海量数据超出之前分散的终端所能处理的能力，云计算、大数据等数字技术快速发展。电子商务成为最为典型的应用，数字经济概念开始被提出并广泛使用。电子商务、在线媒体、搜索引擎等互联网服务开始兴起，数字产业开始对社会产生广泛影响。21 世纪初期，数字技术创新活跃，不断拓展人类认知和增长空间，成为数字经济发展的核心驱动力。互联网的进一步普及和移动通信技术的发展，尤其是智能手机的普及，使得数字经济开始向移动端转移，移动应用和社交媒体成为新的增长点。智能手机的普及推动了移动互联网的发展，数字产业开始向移动端转移，移动支付、社交媒体、移动应用等成为数字产业的新增长点。2010 年，大数据、云计算和物联网技术开始成熟并得到广泛应用，数字经济开始向智能化和服务化方向发展。这些技术的发展推动了数据的爆发式增长，数据成为新的关键生产要素，数字经济的基础设施实现跨越式发展。随着数据量的爆炸式增长，大数据和云计算技术成为数字产业的关键驱动力，数据挖掘、分析和存储成为数字产业的重要组成部分。

随着 2016 年阿尔法狗在"人机大战"中战胜李世石，"人工智能"被社会各界广泛关注，人工智能技术的发展为数字产业带来了新的增长点，机器学习、自然语言处理、计算机视觉等技术的应用推动了数字产业的智能化发展。在 5G 与 6G 时代，5G 技术的商用化和 6G 技术的研发为数字产业提供了更高的数据传输速度和更低的延迟，这进一步推动数字产业的创新和发展，数字产业正是在这一时期开始进入融合发展阶段。

中国数字产业发展的起步阶段是 1994～1998 年，这一时期，信息通信技术对经济社会的影响初见端倪，围绕基于 ICT 的基础设施与能力，驱动国民经济和社会服务进一步信息化、数字化。1999～2008 年，中国数字产业进入初步发展阶段，中国企业从需求侧入手，抓住人口消费红利，创造了多种领先的商业模式。这一阶段，以新浪、搜狐、网易为代表的门户网站，以及以 BAT（百度、阿里巴巴、腾讯）等为代表的互联网企业开始主导数字经济的发展与壮大。2009～2014 年，移动互联网开始兴起，随着 3G 移动网络的部署和智能手机的出现，移动互联网逐渐渗透到生活的多个领域，数字技术开始成为一种通用技术，并作为重要生产要素广泛应用于各行各业，数字产业在这一阶段蓄势待发。2015～2022 年，中国数字产业进入深化转型阶段，经济从高速增长转向新常态，数字技术的飞速发展使数字经济超越了知识经济与电子商务的范畴。这一阶段，中国经济社会的数字化动能逐渐从需求侧转向供给侧，产业数字化开始走上历史舞台，成为经济转型的重要战略目标。2023～2024 年，数字产业进入智能化时代，新一轮科技革命和产业变革与中国经济转型升级形成了历史性的交汇。2023 年，国家数据局正式揭牌，标志着我国在数据管理和利用方面迈出了重要的一步。随着数字经济与实体经济的深度融合，数字产业在现代化产业体系的建设中逐步呈现出多元化的发展态势。

第二节　中国推动数字产业发展的相关政策

一、政策发布概况

随着中国产业形态的演进和数字产业技术的蓬勃发展，中国已成功构建了一套规模宏大、内涵丰富且横跨国家、省、市、县（区）四个层级的数字产业政策体系。经"北大法宝"检索，时间维度从 1985 年 1 月至 2024 年 10 月，有关"数字产业"的法律共 6 条，国务院颁布规范性文件累计 15 次，部门规章共计 89 条。其演进过程大致可以分为三个阶段。一是以电子信息产业政策为中心的起步阶段（1986～2004 年）。该阶段产业政策发文数量较少，共收集到相关政策文本 7 份，其中有 5 份针对电子信息产业。1986 年国务院办公厅转发电子振兴领导小组《关于搞好我国计算机推广应用工作的汇报提纲》，这是中国第一个以计算机为主题的专门性数字产业政策，这一时期的产业政策是围绕中国逐步发展的工业体系所服务的。二是以电子商务产业政策为特点的渗透阶段（2005～2014 年）。这个阶段的数字产业政策在文本数量上较上一时期呈逐步上升的态势。2005～2014 年共收集到数字产业相关政策文本 278 份，其中，占比最大的是电子商务产业，共计 19 份。三是数字产业政策进入全产业链高速增长阶段（2015～2024 年）。该阶段数字产业政策文本数量迅猛增长，政策发布密度和广度达到空前的高度。从政策发布密度来看，2015 年 1 月至 2024 年 10 月共发布政策文本 8728 份，特别是 2020 年国家层面的产业政策文本达 1097 份。同时，该阶段数字产业政策的主题也不断拓展，如智慧政府、智能制造、大数据、平台经济、人工智能等，特别是以互联网、"互联网＋"为主题的政策文本达到 3282 份。

从发文主体来看，在"北大法宝"中输入"数字产业"进行检索，从发文机构来看，国务院或国务院办公厅发布的文本共 15 份，占总体的 12.6%，之后依次为党中央部门机构（7.6%）、全国人民代表大会（5.1%）等部门。从发文类型来看，中央政府及部委颁布的通知最多，共 51 份，占总体的 42.9%。以方案、指导意见、行动计划等形式发布的文件也占较大比例，分别占比 6.7%、5.1%、2.5%。其他发文类型还有指南/指引、办法、提纲、条例等，合计占比 30.2%，数量上不容小觑，大多涉及数字经济标准化、法治化及规范化发展的重要文件，如中华人民共和国工业和信息化部（以下简称"工信部"）发布的《云计算综合标准化体系建设指南》、国家标准化管理委员会等五部门联合印发的《国家新一代人工智能标准体系建设指南》、国务院发布的《信息网络传播权保护条例》等。

二、政策工具维度分析

在中央出台的有关数字产业的政策文件中，有针对成渝地区双城经济圈的政策文件，如2021年中共中央、国务院印发的《成渝地区双城经济圈建设规划纲要》指出成渝地区要合理打造数字产业新高地，聚焦集成电路、新型显示、智能终端等领域，打造"云联数算用"要素集群和"芯屏器核网"全产业链，支持联合建设国家数字经济创新发展试验区和国家数字服务出口基地，建设"智造重镇"和"智慧名城"。还有针对粤港澳大湾区的政策文件，如2022年国务院《关于印发广州南沙深化面向世界的粤港澳全面合作总体方案的通知》中提到发展数字产业，加快下一代互联网国家工程中心粤港澳大湾区创新中心建设，推进互联网协议第六版（IPv6）行业应用示范和下一代互联网算力服务等业务发展。这些文件都反映了党中央在深化推进区域协同联动发展以及大力鼓励发展数字产业方面的力度和决心。

电子商务、电子信息软件、智能制造等先导产业是数字技术渗透最快的领域，成为数字经济中最早浮现的新模式和新业态，得到了国家产业政策的高度支持。以电子商务为例，早在2005年，国务院办公厅便前瞻性地发布了《关于加快电子商务发展的若干意见》，为电子商务的健康发展奠定了基石。2007年，国家发改委等多部门联合出台了《电子商务发展"十一五"规划》，为电子商务的进一步扩张描绘了蓝图。占据较大比重的是针对新型基础设施产业的政策。新型基础设施产业包括通信网络、卫星网络、未来智能网络等通用的材料、技术、设备，它不仅是数字经济发展的基础，更是我国数字产业政策重点关注的领域。我国早在2013年就开始重视建设卫星网络，致力打造天地一体化的通信网络系统，工信部在2013年发布的《中华人民共和国无线电频率划分规定（2013）》中对卫星网络的技术标准进行明确界定，同年在国务院办公厅发布的《国家卫星导航产业中长期发展规划》中提及"智慧城市"的建设，为随后中国大力推进数字产业新型基础设施建设奠定了坚实的基础。2014年国家发改委等七部门联合印发《关于促进智慧城市健康发展的指导意见》，2016年中共中央办公厅、国务院办公厅印发《关于全面推进政务公开工作的意见》，推动数字产业创新生态系统不断优化。2024年国务院在《深入实施以人为本的新型城镇化战略五年行动计划》的通知中提到"智慧城市"不再仅局限于强调基础设施的构建，进一步强调要注重城市更新和提升安全韧性，打造宜居、韧性、智慧城市，对数字产业提出了更高的要求，引导数字产业通过数据要素化流通与技术创新，重构"感知－认知－决策"技术架构。

中国的数字产业政策正在从强调中央政府的资金投入、人才支持等供给型政策逐步向金融支持、策略性措施等环境型政策过渡。以政府资金投入为例，投入方式经历了从政府直接投资到政府成立产业投资基金引导，再到由社会资本建立投资基金引导的转变过程。如2015年国务院印发《中国制造2025》，提出要加强财政资金对制造业的支持，重点投向智能制造等关键领域，但2018年国家发改委等19个部门联合发布《关于发展数字经济稳定并扩大就业的指导意见》，改变了由政府成立产业投资基金的做法，推行"政府引导基金＋社会资本"的模式，加快了"市场主导型"就业促进体系的建构。2021年国务院发布的《"十四五"数字经济发展规划》进一步延续、突出了市场的决定性作用，把政府资金投入方向明确限定为加大对数字经济薄弱环节的投入，打破数字经济发展的短板与瓶颈，建立推动数字经济发展的长效机制，并引导社会资本设立市场化运作的数字经济细分领域基金，支持符合条件的数字经济企业进入多层次资本市场进行融资。2023年国家数据局等部门印发《"数据要素×"三年行动计划（2024～2026年)》，重点强调依法依规探索多元化投融资模式，发挥相关引导基金、产业基金的作用，引导和鼓励各类社会资本投向数据产业，凸显了数字产业资金来源日益多元化。

中国已形成数量庞大、内容丰富的数字产业政策体系。我国数字产业政策的发展演变，首先是产业政策焦点的逐步迁移，从最初的电子信息软件、电子商务等前沿产业逐步转向数字经济的新型基础设施、动力产业和引领性产业的全产业链覆盖，最终着眼于构建数字经济发展形态的综合性产业政策。其次是产业政策工具的多元化过程。从最初的单一供给型政策转向以环境型政策为主导，政府在对市场的干预上逐步收缩，而市场的决定性作用却在持续增强，体现了政策导向与市场机制相互作用下的动态演变。中国数字产业政策工具与产业动态演变的协同还不够充分，产业政策工具的选择和组合还存在创新空间，面对国际、国内数字经济发展的大形势，未来要进一步优化政策工具与数字技术—经济范式的演进之间的协同，构建有利于数字技术开放式创新的政策支持体系。

第三节　中国数字产业发展现状分析

近年来，数字经济成为全球经济发展的重要引擎，推动了各国经济结构的优化与升级。作为世界第二大经济体，中国在数字产业的发展中扮演了越来越重要的角色，出台了《促进大数据发展的行动纲要》《"十四五"数字经济发展规划》《数字中国建设整体布局规划》等系列文件，在数字产业发展方面取得了显著成就，在全球数字经济中的重要地位日益凸显。随着科技进步、互联网技术的普及以及政策环境的不断优化，中国数字产业实现了跨越式发展，经济增长的新动能得到了显著增强。

一、中国数字产业发展成效显著

（一）数字经济持续保持增长韧性

数字产业是数字经济的重要组成部分，数字经济已经成为经济发展中创新最活跃、增长速度最快、影响最广泛的领域，对培育发展新质生产力、提升产业链供应链韧性具有强大的支撑作用。数字经济规模由 2012 年的 11.2 万亿元增长至 2023 年的 53.9 万亿元，在此期间规模扩张了 3.8 倍，[①] 反映了数字技术在中国的快速发展和广泛应用，以及数字经济对传统产业的渗透和改造。如图 3-1 所示，2005～2023 年，数字经济规模表现出一定的波动性，在 2007 年、2009 年、2011 年、2015 年和 2019 年，中国数字经济规模出现了显著的增长峰值，这与技术革新、政策推动及市场需求的增加有关。同时本书发现数字经济发展规模存在周期性调整的阶段，如 2007 年、2011 年和 2015 年，总产值增长速度有所放缓，这与宏观经济周期、市场饱和度或技术发展的阶段性有关。此外，数字经济占 GDP 的比重从 2005 年的 14.2% 增长至 2023 年的 42.8%，[②] 数字经济在国民经济中的地位更加稳固，支撑作用更加明显。数字经济比重的增长也反映出中国经济结构的转型，即从传统的制造业和农业向以服务业和高科技产业为主导的经济结构转变。

近年来，数字经济持续保持增长韧性，其增速与 GDP 增速的发展态势呈现一定的一致性，且数字经济规模增速在多数年份明显快于 GDP 增速。总体而言，中国数字经济在过去二十年中呈现出快速增长和结构性变化，这不仅体现在规模有所增加，更体现在数字经济在国民经济中所占比重显著提升，数字经济的快速增长对国民经济增长具有显著的支撑作用。随着数字经济在 GDP 中占比的提高，其对经济增长的贡献率也在不断增加。这一趋势表明数字经济

---

① 从 11.2 万亿元到 53.9 万亿元 ［EB/OL］. 经济日报，http：//paper. ce. cn/pc/content/202409/24/content_301687. html.

② 中国数字经济发展研究报告（2024 年）［R］. 中国信息通信研究院，http：//www. caict. ac. cn/kxyj/qwfb/bps/202408/t20240827_491581. htm.

已成为推动中国经济增长的关键因素，对经济结构转型和现代化产业体系建设具有重要影响。未来，随着技术的进步和政策的持续支持，数字经济将继续在中国经济社会高质量发展的过程中扮演重要角色。

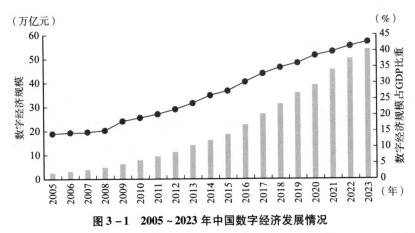

图 3 - 1　2005 ~ 2023 年中国数字经济发展情况

资料来源：根据历年中国信息通信研究院发布的《中国数字经济发展白皮书》相关数据绘制而成，网址：http://www.caict.ac.cn/kxyj/qwfb/bps/。

（二）数字产业规模发展势头强劲

数字产业发展与全球经济的发展趋势、政策支持力度以及社会需求变化等因素密切相关。中国数字产业发展历经多个阶段（见图 3 - 2）。

初步增长阶段：这一阶段数字产业规模由 2005 年的 1.33 万亿元增长到 2011 年的 2.96 万亿元。这一时期，全球经济正处于信息技术革命的后期阶段，互联网技术开始普及，数字产业逐步崭露头角，中国在这段时间也经历了快速的工业化和城市化进程，为数字产业的发展提供了广阔的市场和人才基础。

加速发展阶段：这一阶段数字产业规模由 2011 年的 3.0 万亿元增长至 2014 年的 4.2 万亿元，增长率达到 27.6%。这一时期，智能手机的普及和移动互联网的快速发展为中国数字产业的发展提供了新动能。同时，全球经济开始从 2008 年金融危机中复苏，消费者和企业对数字产品和服务的需求不断增加。

稳定增长阶段：这一阶段全球经济逐渐进入新常态，增长速度放缓，但数字产业依然保持相对较高的增长率，产业规模继续增长。这与数字技术在各行各业的渗透和应用有关，如云计算、大数据、人工智能等技术开始被广泛采用。

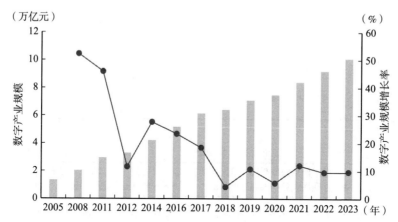

图 3 - 2　2005～2023 年中国数字产业发展情况

资料来源：2005 年、2008 年、2011 年、2014 年的数据来源于中国信息通信研究院《2015 中国信息经济研究报告》，网址：http：//www.caict.ac.cn/kxyj/qwfb/bps/201804/t20180426_158204.htm；2016 年的数据来源于中国信息通信研究院《中国数字经济发展报告（2022 年）》，网址：http：//www.caict.ac.cn/kxyj/qwfb/bps/202207/t20220708_405627.htm；2017～2023 年的数据来源于中国信息通信研究院《中国数字经济发展研究报告（2024 年）》，网址：http：//www.caict.ac.cn/kxyj/qwfb/bps/202408/t20240827_491581.htm。

成熟增长阶段：这一时期全球经济面临诸多挑战，包括贸易紧张、地缘政治冲突等，但数字产业依然保持增长态势，数字产业已经成为经济增长的重要驱动力。

数字产业不仅显著改变了传统产业的运作模式，也促进了新的商业形态和经济生态的形成，数字产业增加值持续提升。国家数据局发布的《数字中国发展报告（2023 年）》显示（见图 3 - 3），2023 年中国数字经济核心产业增加值超过 12 万亿元，占 GDP 的 10% 左右。2023 年电子信息制造业增加值同比增长 3.4%；互联网业务收入 1.8 万亿元，同比增长 6.8%；软件业务收入 12.3 万亿元，同比增长 13.4%。电信业务收入增长率持续提升，2023 年电信业务收入 1.7 万亿元，增长率由 2019 年的 0.5% 上升至 2023 年的 6.2%。在电信业务收入中，以云计算、大数据、物联网等为代表的新兴业务收入不断提升，2023 年新兴业务收入达到 0.4 万亿元，占电信业务总收入的比重由 2019 年的 10.5% 上升至 2023 年的 21.2%。信息通信产品和电子元器件生产领域经历了前所未有的快速发展，数字产业基础不断夯实，数字产业体系完备性、规模性优势日渐明显。

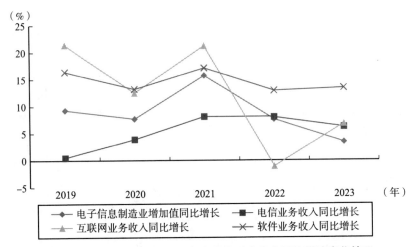

图 3 - 3　2019～2023 年中国数字产业重点行业同比增速变化情况

资料来源：根据国家数据局发布的《数字中国发展报告（2023 年）》数据绘制而成，网址：https：//www. digitalchina. gov. cn/2024/xwzx/szkx/202406/P020240630600725771219. pdf。

（三）细分领域竞相发展

数字产品制造业、数字产品服务业、数字技术应用业和数字要素驱动业作为数字产业的核心组成部分，正在重新定义传统产业结构，并催生出新的经济增长点。数字产品制造业通过智能化和自动化技术的引入，提升了生产效率与产品质量。数字产品服务业则借助云计算和大数据分析，为用户提供了更加个性化和高效的服务体验。数字技术应用业在各行业之间架起了信息流通的桥梁，推动了各领域的数字化转型，数字要素驱动业则强调数据、算法、网络等数字要素在经济活动中的关键作用。近年来，数字产品制造业和数字技术应用业对数字产业发展的贡献率一直都稳居前列，数字产品服务业和数字要素驱动业的贡献率也在逐年稳步上升。

数字产品制造业主要包括计算机、通信和其他电子设备制造业等，其发展情况见图 3 - 4。工信部相关数据显示，2023 年中国计算机、通信和其他电子设备制造业生产恢复向好，出口降幅收窄，效益逐步恢复，投资平稳增长，多区域营收降幅收窄。2023 年规模以上计算机、通信和其他电子设备制造业增加值同比增长 3.4%，增速比同期工业低 1.2 个百分点，但比高技术制造业高 0.7 个百分点。① 2023 年，规模以上计算机、通信和其他电子设备制造业出口

---

① 2023 年电子信息制造业运行情况 [EB/OL]. 中华人民共和国工业和信息化部，https：//www. miit. gov. cn/gxsj/tjfx/dzxx/art/2024/art_973024044030402ab5e742405126bc9e. html。

交货值同比下降 6.3%。近年来，计算机、通信和其他电子设备制造业主营业务收入不断提升，由 2006 年的 3.3 万亿元增长到 2023 年的 15.1 万亿元。[①] 随着工业化和信息化的深度融合，数字产品制造业作为数字经济的基础，得到了政策的大力支持和市场需求的推动，同时全球供应链的优化和智能制造技术的发展促进了数字产品制造业的效率提升和成本降低，进而支持产业规模的扩张。

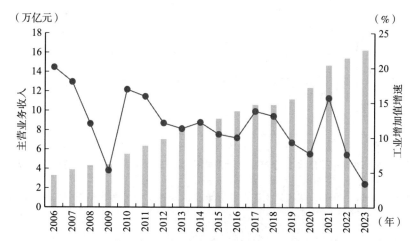

图 3－4　2006～2023 年数字产品制造业规模以上工业增加值增速及主营业务收入情况

资料来源：根据中华人民共和国工业和信息化部公开数据及中国经济信息网（简称"中经网"）数据平台相关数据绘制而成。网址：https://wap.miit.gov.cn/gxsj/tjfx/dzxx/index.html；https://db.cei.cn/jsps/Home。

面对复杂多变的国际环境，中国数字产业仍能保持相对稳定的发展趋势，行业的稳步增长反映了产业结构逐步优化，同时稳定的投资环境也很重要。近年来，数字产品制造业固定资产投资不断提升（见图 3－5），2023 年，固定资产投资同比增长 9.3%，比同期工业投资增速高 0.3 个百分点，但比高技术制造业投资增速低 0.6 个百分点。行业的固定资产投资聚焦于产业链上游，特别是集成电路等高端元器件领域，这有助于推动产业链向高价值环节升级，中国数字产业向高端化、智能化方向发展。此外，数字产品制造业企业单位数也在不断增加，由 2018 年的 17406 个增长到 2023 年的 27776 个。企业单位个数的增长有助于构建和完善供应链和产业链，增强产业的完整性和协同效应，提

---

①　2023 年电子信息制造业运行情况［EB/OL］．中华人民共和国工业和信息化部，https://www.miit.gov.cn/gxsj/tjfx/dzxx/art/2024/art_973024044030402ab5e742405126bc9e.html。

高整个产业对于市场变化的响应速度和适应能力，增强产业链的韧性和安全性。

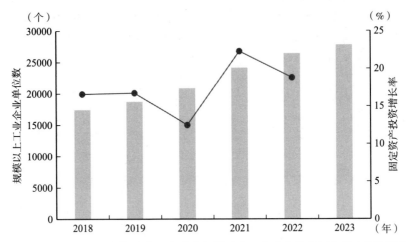

图 3 - 5　2018～2023 年数字产品制造业规模以上工业企业数及固定资产投资增速

资料来源：固定资产投资增长率数据来源于 EPS 数据库，网址：https://olap. epsnet. com. cn/#/datas_data? cubeId = 10344；规模以上工业企业单位数来源于中经网数据平台，网址：https://db. cei. cn/jsps/Home。

数字产品服务业是产业数字化转型的推动者，是数据价值化的关键领域。数字产品服务业增加值持续增长与互联网技术的发展密切相关，随着移动互联网的普及和电子商务的兴起，数字产品服务业得到了快速发展。特别是在 2016 年后，4G、5G、6G 网络的广泛部署和智能手机的普及极大地促进了数字服务的可及性和便利性。此外，随着消费者对个性化服务需求的增加，数字产品服务业开始提供更加多样化和高质量的服务，推动了产业规模的增长。从利润角度看（见图 3 - 6），2008 年以前数字产品服务业发展缓慢，利润总额较低，2008 年数字产品服务业利润总额开始呈爆炸式增长，2021 年利润总额达到峰值。各领域对数字产品服务业利润总额的贡献呈不同的特点和趋势，计算机、软件及辅助设备批发业企业和通信设备批发业企业在整个分析期间利润增长显著，对数字产品服务业的利润总额贡献最大。计算机、软件及辅助设备零售业企业虽然起始规模较小，但规模增长迅速，显示出巨大的市场潜力。通信设备零售业企业的利润总额贡献则在后期有所下降。这些变化反映了数字产品服务业内部结构的动态调整以及市场和技术发展的综合影响。

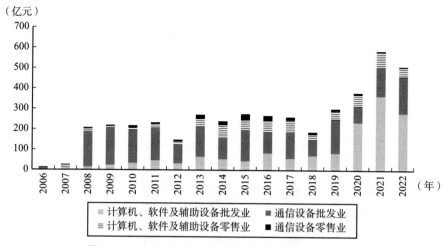

图3-6　2006～2022年数字产品服务业利润分布情况

资料来源：根据EPS数据库相关数据绘制而成，网址：https：//olap. epsnet. com. cn/#/datas_data？ cubeId = 10344。

　　数字技术应用也是推动新一轮科技革命和产业变革的关键力量。习近平总书记指出，数字技术正以新理念、新业态、新模式全面融入人类经济、政治、文化、社会、生态文明建设各领域和全过程。[①] 数字技术应用业通过对产业全方位、全链条、全周期的渗透和赋能，推动着人类生产、生活和生态的深刻变化，成为新质生产力的引擎。数字技术应用业在数字产业中的占比显著上升，从2012年的37.2%增加到2020年的48.6%，[②] 成为数字产业中增长最快的部分。在这一时期，云计算、大数据、人工智能等新兴技术迅速发展，数字技术应用也得到了极大推动。这些技术的应用不仅提高了各行各业的效率，还创造了新的商业模式和市场机会。在数字技术应用业中，电信、广播电视和卫星传输服务业发展势头良好。近年来，中国电信、广播电视和卫星传输服务领域研发投入和政策支持力度不断提升，党的二十届三中全会审议通过的《中共中央关于进一步全面深化改革　推进中国式现代化的决定》提出，聚焦重点环节分领域推进生产性服务业高质量发展，发展产业互联网平台，电信、广播电视和卫星传输服务行业的发展成效显著（见图3-7）。根据忧思科学家（Union of Concerned Scientists，UCS）卫星数据联盟发布的数据，中国运营商运营的在轨

---

　　① 习近平向2021年世界互联网大会乌镇峰会致贺信［EB/OL］. 中国政府网，https：//www. gov. cn/xinwen/2021 - 09/26/content_5639378. htm.

　　② 数字经济核心产业［EB/OL］. EPS数据库，https：//olap. epsnet. com. cn/#/login？ redirect =/ datas_data？ cubeId = 10344.

通信卫星数量增加，截至 2023 年 5 月 1 日，共计 73 颗，其中纯商用通信卫星 36 颗，纯政府用通信卫星 22 颗，[①] 为中国数字技术应用业的平稳发展提供了强有力的基础设施支持。

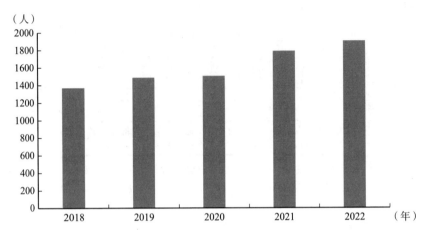

图 3 - 7   2018 ~ 2022 年电信、广播电视和卫星传输服务研究与开发机构 R&D 人员数

资料来源：根据 EPS 数据库相关数据绘制而成，网址：https：//olap. epsnet. com. cn/#/datas_data? cubeId = 10344。

软件业作为新一代信息技术的核心载体，是数字产业发展的基础。《"十四五"软件和信息技术服务业发展规划》中提到，软件是制造强国、网络强国、数字中国建设的关键支撑。软件业务的发展水平直接影响数字产业的质量和效率。近年来，中国软件业务收入呈逐年增加的趋势（见图 3 - 8），2016 年以后保持每年 10% 左右的增长速度。软件业务增速的波动与技术创新的步伐和市场需求的变化有关，新兴技术如云计算、大数据、人工智能推动了软件业的发展，同时市场需求的波动也影响了软件业务的增速，特别是在全球经济下行风险和通货膨胀压力持续的背景下，我国软件业务收入增速放缓。

数据要素驱动业占数字产业的比重不断上升，由 2012 年的 9.0% 增加到 2020 年的 12.3%。这一变化表明，数据要素的规模化应用已从技术扩散阶段过渡到价值创造阶段，印证了其作为新型生产要素的边际产出递增特性。随着大数据时代的到来，数据被视为新的生产要素，对经济增长的贡献日益显著。

---

① UCS 卫星数据库［EB/OL］. Union of Concerned Scientists，https：//www. ucsusa. org/resources/satellite-database.

物联网技术的发展也为数据的收集和应用提供了新的途径，进一步促进了产业规模的扩大。数字产业正在从以产品制造为主转向以技术服务和要素驱动为主的模式，这种转变的背后反映出全球数字化转型的趋势、技术创新的加速以及对数据驱动服务需求增加的社会运行规律。

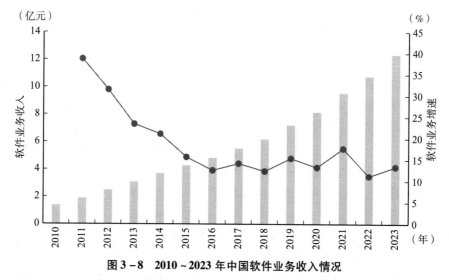

图 3－8　2010～2023 年中国软件业务收入情况

资料来源：根据中国经济社会大数据研究平台相关数据绘制而成，网址：https://data.cnki.net/aidata/dataAsk？ky＝%E8%BD%AF%E4%BB%B6%E4%B8%9A%E5%8A%A1%E6%94%B6%E5%85%A5。

二、中国数字产业发展面临的挑战

（一）数字产业区域发展不均衡

中国数字经济产业的发展呈现出明显的梯度趋势与区域不均衡特征，表现出明显的空间集聚。具体表现为城市群内部差异明显，长三角、珠三角城市群数字产业分布呈连片集聚的特征，而京津冀、成渝城市群的数字经济产业集聚相对离散，集聚核心以北京市、天津市、石家庄市、成都市、重庆市为主，尤其是成渝城市群的产业空间呈现出"峡谷型"特征，即成都市与重庆市两个集聚中心之间存在着大片低密度或无密度地区，这在一定程度上体现出成渝城市群的数字产业以龙头带动为主。城市群内部差距更为明显，北京市、上海市、浙江省、山东省、江苏省、广东省等经济基础较好、创新能力较强的地方数字产业增速均超过全国平均水平。全国数字产业整体上呈现"城市群带动、沿海大集聚—内陆小集聚"的空间格局，集聚热点表现为"东强西弱、南热北冷"。各城市群内部则呈现"多核心集聚"的空间格局，表现为集聚度值由中心城市向外围随距离衰减的圈层式结构，沿海城市群连片集聚，内陆城市群离散集聚。城市群内部各省份技术创新禀赋存在较大差异，区域优质创新资源会流向技术创新能力较高的地区，使城市群内部各省份数字产业技术进步水平差距不断扩大。

（二）数字产业发展的不确定性增加

中国数字产业发展面临着来自发达国家的压力，各地区发展差距较为明显。世界发达国家对数字产业发展十分重视，自 20 世纪末就开始布局数字经济和数字产业发展，例如美国早在 20 世纪 90 年代就启动了"信息高速公路"战略。为了抢占数字产业高地，发达国家持续发布和更新数字经济和数字产业相关战略规划和措施。仅在 2020～2022 年，欧盟、美国等世界主要发达经济体颁布的相关法令、法律众多，其中包括但不限于美国出台的《关键与新兴技术国家战略》（*National Strategy for Critical and Emerging Technologies*），旨在成为关键和新兴技术的世界领导者；欧盟颁布"2030 数字罗盘"计划，目的是打造大量能熟练使用数字技术的公民和高度专业的数字人才队伍，构建安全、高性能和可持续的数字基础设施；英国提出《国家数据战略》（*National Data Strategy*），推动数据在政府、企业和社会中的使用，并通过数据的使用提高生产力，创造就业机会，改善公共服务。

同时，中国的数字产业发展还面临着其他国家的追赶，2015 年印度推出"数字印度"计划，2016 年巴西颁布《国家科技创新战略（2016～2019年）》，越南等国充分利用成本优势，加大政策优惠力度，积极承接领先国家的数字产业链供应链转移。除此之外，中国面临的外源风险也在持续增大，比如美国对华为等数字企业的打压、对字节跳动旗下 TikTok 平台开展审查等，种种行为都增加了中国数字产业发展格局的不确定性。与此同时，外源风险进一步加剧了"卡脖子"问题的严峻形势：一方面限制中国高素质人才到海外求学，使关键数字技术和关键数字设备的研发与世界顶尖水平仍有较大差距，导致支撑数字经济与实体经济融合发展的关键技术和设备存在明显不足；另一方面发达国家对关键工业原料、元器件向中国出口的限制严重影响了制造企业的数字化转型与企业数字生产能力的提升，制约了中国数字产业发展。

（三）关键领域创新能力不足

关键技术能否取得整体性、创新性突破，与中国走高质量发展、现代化强国之路紧密相关，关系到中国数字产业发展的底色和成效。近年来，中国的综合创新能力得到质的提升。但与发达国家相比，中国在创新投入方面仍存在不足，创新产出效能处于薄弱环节。具体而言，在数字产业发展中所需的光刻技术、集成电路设计与制造、数字产品制造业中的高端芯片、基础材料等方面的技术研发和工艺制作水平仍较薄弱，现阶段还需要依赖进口。2023 年中国芯片产业的对外依赖度为 76.7%，[①] 支持数字关键核心技术创新的创新型企业与隐形冠军企业双缺位，在量子计算、云计算、射频器件、核心工业软件、高端芯片和操作系统领域的科技巨头和隐形冠军基本由美国企业垄断。此外，中国数字产业创新整体效能不强，创新资源出现分散化、低效率、高重复的特点，导致创新投入与创新成果转化机制存在梗阻。

（四）数字治理体系尚不健全

国内方面，数字经济发展催生新模式、新业态、新产业，新兴领域法律空白、监管盲区问题凸显，我国相继出台《中华人民共和国数据安全法》《中华人民共和国网络安全法》等法规，加强网络治理，但距大数据高效处理的需要仍有差距。数字确权建设推进缓慢，原始数据所有者和数据加工者分离的特性，以及涉及数据产权、隐私和算法等多方面的问题，导致关键信息基础设施、用户个人信息、网络数据安全等仍面临风险隐患。在保护和应用创新成果的制度建设上，缺乏有效承接数字产业技术创新成果的平台，且知识产权保护力度有待提高，数字产业技术转让收入较低，制约着数字产业技术进步。此外，缺乏有效的知识产权保护机制，科技成果转化渠道尚未完全打通，导致数字技术流动滞缓，尤其是区域间的扩散效应有限，难以为数字产业技术进步赋能。国际方面，全球范围内还未就数字经济领域形成统一的监管框架，而是主要以各个国家内部的法律条例为主，主要涉及数字经济内容监督、知识产权保护、税收等方面。各国对数字产业治理制度方向的把控差异较大，例如，欧盟委员会重视数据流动与安全，为此制定了一系列限制数据在区域内以及跨区域转移的法律条款。欧盟成员国可根据自身发展状况进行调整，使其与国家发展

---

① 阳镇，王文娜. 数字经济国际竞争力：国际经验与中国路径 [J]. 上海财经大学学报，2024，26（4）：18 – 31.

战略、经济发展模式相适应。美国在数字经济领域的监管制度与欧洲类似，联邦政府和各州都可以在该领域制定相关的政策措施并采取行动。然而，美国大多数州关注数字经济领域的税收问题，联邦政府更愿意在数字反垄断方面采取行动。同时，各国尤其是西方发达国家围绕数字经济治理的竞赛不断升级，数字规则博弈日趋激烈。以美国为代表的部分西方国家对华"脱钩"，技术和产业体系"去中国化"风险上升，中国在数字经济国际规则布局上仍显不足。

第四章　中国数字产业竞争力测度与评价

党的十八大以来，党中央高度重视数字经济发展，将其上升为国家战略，并提出推进数字产业化和产业数字化，推动数字经济和实体经济深度融合。数字产业为数字经济发展提供技术、产品、服务、基础设施和解决方案，为新兴产业发展提供坚实基础。近年来，中国加快培育壮大人工智能、大数据、云计算等新兴产业，制定数字经济发展战略，出台鼓励政策，数字产业化发展迅速，为中国取得国际竞争新优势发挥了重要作用。那么，中国数字产业竞争力如何？本部分将从多个维度对中国数字产业竞争力进行测度分析。

第一节　评价指标体系构建

竞争力一直是经济学研究的重要问题，国内外学者围绕产业竞争力的评价方法及指标体系等方面进行了广泛研究。数字产业竞争力多体现在总体竞争力的国际层面（赵瑞琴，2022），或侧重某环节生产能力的国际水平（Kogut，1985），其评价应同时考察产业在实施全球战略、参与国际竞争时，国家比较优势和产业竞争优势在各环节中的共同作用（张珺等，2019），而传统核算框架可能会产生"统计假象"（金碚等，2006），从增加值角度出发评估竞争力是新的研究焦点（Koopman et al.，2014）。本书在前人指标构建的基础上，在重点参考费舍尔和肖恩伯格（Fischer and Schornberg，2010）的制造业竞争力指数构建法及余振和陈文涵（2022）的数字产业竞争力指数构建法的基础上，对竞争力指标体系进行了完善。主要从产业盈利能力、产业生产效率、产业产出能力及产业出口竞争力四个维度构建数字产业竞争力评价指标体系。

一、产业盈利能力（X_1）

盈利能力是反映产业发展的核心指标，是产业利用各种资源要素创造经济效益的能力，它是产业资源配置能力、风险规避能力及成本最小化能力的综合体现，可以说盈利能力影响着产业在市场中的竞争力。根据前人的研究成果，反映产业盈利能力的指标主要有企业质量和产业风险（杨子荣，2019）、净利润占总资产的比重（伍先福和黄骁，2024）、毛利率、净资产收益率、总资产报酬率、主营业务收益率等（郭庆和张杰，2022），这些指标都能很好地评估产业的盈利能力。《中共中央关于进一步全面深化改革　推进中国式现代化的决定》指出，要开展国有经济增加值核算。基于此，参考余振和陈文涵（2022）的衡量方法，采用行业增加值对数字产业盈利能力进行评价。行业增加值越大，代表行业获取附加值利润的能力越强，盈利能力也越大，所以行业增加值能够很好地衡量产业盈利能力。

二、产业生产效率（X_2）

生产效率衡量了经济主体在单位时间内生产的产品或提供的服务数量，它对产业的发展和竞争力有非常重要的影响，产业生产效率变革是促进质量变革的有效手段。生产效率是学界长期关注的重要话题，郭进等（2024）建立了包含时变技术无效率指数的随机前沿模型，对农业生产效率进行测度。姚加权等（2024）采用全要素生产率（total factor productivity，TFP）作为生产率的指标，认为全要素生产率不仅与技术进步相关，还反映了物质生产的知识水平、管理技能、制度环境以及计算误差等因素，能够较好地衡量生产效率。也有学者利用要素配置效率（杭静和申广军，2024）、投入产出比（余文涛，2016）和行业增加值与雇员人数之比（余振和陈文涵，2022）对生产效率进行衡量。采用人均行业增加值来衡量产业生产效率，人均行业增加值越大，单位劳动生产效率越高。

三、产业产出能力（X_3）

产出能力是中国经济社会发展的重要衡量指标，能够很好地衡量产业生产能力，代表了行业在劳动力、原材料、燃料、运输等保证供给的情况下，生产设备（机械）保持正常运行，可实现并能长期维持的产品产出。评价产业产出能力的指标体系较多，如主营业务收入、净利润、产业增长率等。最能直观反映产业产出能力的指标是行业总产值，它代表了一定时期内行业生产货物和服务的价值总和，体现了经营活动的总成果。采用行业总产值作为产业产出能力的衡量指标，一般而言，在不考虑其他因素影响的情况下，产业总产值越大，其产出能力越强。

四、产业出口竞争力（X_4）

出口竞争力能够很好地衡量一个产业在国际上的技术水平和创新能力等，提升出口竞争力是中国推进贸易创新发展和增强对外贸易综合实力的客观要求。出口一直都备受社会各界关注，改革开放以来，尤其是中国加入世界贸易组织（World Trade Organization，WTO）以后，出口成为推动中国经济飞速发展的重要引擎，出口竞争力也因此成为学界的重点研究问题（樊纲等，2006；姚洋和张晔，2008；魏浩等，2011；张群等，2023）。关于出口竞争力的测度，不同学者采用了不同的方法，主流方法主要有三种：显示性比较优势指数（傅朝阳和陈煜，2006；倪一宁等，2024）、出口技术水平（杜修立和王维国，2007；方霞等，2023）及出口国内增加值（Koopman et al.，2008；倪红福和王海成，2022）。陈昌盛等（2022）综合前人的研究成果，基于显示性比较优势指数、出口技术复杂度、出口相似度、出口商品质量等指标对中国商品国际竞争力进行考察。可以看出，这些指标都能够很好地衡量出口竞争力，而显性比较优势是学界采用最多的衡量出口竞争力的方法。基于此，本书采用显性比较优势指数对产业出口竞争力进行测度。显性比较优势指数具体公式如下：

$$RCA_{ijt} = \frac{export_{ijt} \div \sum\limits_{i}^{n} export_{ijt}}{\sum\limits_{j}^{m} export_{ijt} \div \sum\limits_{j}^{m}\sum\limits_{i}^{n} export_{ijt}} \qquad (4-1)$$

其中，RCA_{ijt} 表示 $i(i=1, 2, \cdots, m)$ 国（地区）$j(j=1, 2, \cdots, n)$ 行业在 $t(t=1, 2, \cdots, T)$ 时期的显性比较优势指数。一般而言，RCA_{ijt} 值接近 1 表示中性的相对比较利益，无所谓相对优势或相对劣势可言；$RCA_{ijt} > 1$ 表示 i 国（地区）j 行业在本国（地区）的出口比重大于在世界的出口比重，则该国（地区）此行业在国际市场上具有比较优势，具有较强的出口竞争力；$RCA_{ijt} < 1$ 表示 i 国（地区）j 行业在本国（地区）中的出口比重小于在世界中的出口比重，即该国（地区）此行业在国际市场上不具有比较优势，出口竞

争力相对较弱。即显性比较优势指数 RCA_{ijt} 越大，代表该行业的国际竞争力越强。$export_{ijt}$ 表示 t 时期 i 国（地区）j 行业的出口额，$\sum\limits_{i}^{n} export_{ijt}$ 表示 t 时期 i 国（地区）的出口总额，$\sum\limits_{j}^{m} export_{ijt}$ 表示 t 时期世界 j 行业的出口额，$\sum\limits_{j}^{m}\sum\limits_{i}^{n} export_{ijt}$ 表示 t 时期世界总出口额。

基于此，在参考前人研究的基础上，构建数字产业竞争力评价指标体系如表 4 - 1 所示。

表 4 - 1　　　　　　　　　　数字产业竞争力评价指标体系

名称	一级指标	指标说明
数字产业竞争力	产业盈利能力（X_1）	以行业增加值的对数值来衡量
	产业生产效率（X_2）	采用行业增加值与雇员人数之比来测度
	产业产出能力（X_3）	通过行业总产值的对数值来衡量
	产业出口竞争力（X_4）	利用显性比较优势指数来衡量

第二节　测算方法介绍与数据说明

一、测算方法介绍

在参考余振和陈文涵（2022）研究方法的基础上，聚合产业盈利能力（X_1）、产业生产效率（X_2）、产业产出能力（X_3）和产业出口竞争力（X_4）四个维度的数字产业竞争力评价子指标，形成最终的数字产业竞争力指数，具体步骤如下。

（一）指标无量纲化处理

产业盈利能力（X_1）和产业产出能力（X_3）以对数值形式来衡量，而产业生产效率（X_2）和产业出口竞争力（X_4）则采用比率形式，这也意味着四个子指标具有不同的计量单位，会使不同指标因存在量纲不同而不具有可比性。因此，在对数字产业竞争力综合指标进行评价之前，需要对各子指标进行无量纲化处理，这样做的目的是统一不同指标的量纲，方便后续计算。无量纲化处理方法较多，其中比较常用的包括标准化、中心化、离差标准归一化、均值化、正向化、逆向化等，在进行指标无量纲化处理时，参考世界经济论坛（World Economic Forum，WEF）构建全球竞争力指数的方法，采用离差标准归一化法对数字产业竞争力四个子指标进行无量纲化处理。离差标准归一化法的原理是对数据进行 Z-score 处理，每项指标采取 0~100 分的计分制度，展示一个经济体距离理想状态或与"满分"竞争力之间的差距，即行业间的整体竞争力差异，并追踪单个指数水平（Z_k^{tij}）随时间的变化。计算方法如下：

$$Z_k^{tij} = \frac{X_k^{tij} - X_k^{min}}{X_k^{max} - X_k^{min}} \times 100 \, (k = 1, \ 2, \ 3, \ 4) \qquad (4-2)$$

其中，Z_k^{tij} 代表 t 时期 i 国（地区）在行业 j 的指数 X_k 在离差标准归一化后的值，k 代表子指标数量，X_k^{tij} 代表 t 时期 i 国（地区）在行业 j 的各子指标取值情况，X_k^{min} 代表各子指标的最小值，X_k^{max} 代表各子指标的最大值。可以看出，X_k 在离差标准归一化后的值将映射到 [0, 100]。

（二）指标均等化赋权

指标权重计算方法主要包括主观赋权和客观赋权两种，常用的方法包括 AHP 层次分析法、熵值法、主成分分析法、客观赋权法、均等化赋权法、变异系数权数和因子分析法等。国际上对竞争力指数进行测度时，更多采用均等化赋权，例如：世界经济论坛发布的《全球竞争力报告》（*Global Competitiveness Report*，*GCR*）在构建全球竞争力指数时，对指标进行均等化赋权。此外，也有大量学者在对竞争力进行测度时采用指标均等化赋权，吴翌琳（2019）在对国家数字竞争力进行测度时，对十大子指标进行均等化赋权处理。该方法不仅能简化统计计算，使结果更加直观，还能突出测度维度、指标独立存在、相辅相成、分工协作的特点，与国家数字产业竞争力理论的系统性保持一致性。鉴于此，采用均等化赋权，即：

$$W_k = \frac{1}{k} \, (k = 1, \ 2, \ 3, \ 4) \qquad (4-3)$$

其中，k 代表子指标数量，W_k 为均等化赋权下的指标权重。

（三）指标计算与合成

将进行无量纲化处理后的产业盈利能力（X_1）、产业生产效率（X_2）、产业产出能力（X_3）和产业出口竞争力（X_4）指标进行均等化赋权后，合成最终的数字产业竞争力指数，具体计算方法如下：

$$\text{DIC}^{tij} = \frac{1}{k} \sum_{k=1}^{4} Z_k^{tij} = \frac{1}{4}(Z_1^{tij} + Z_2^{tij} + Z_3^{tij} + Z_4^{tij}) \qquad (4-4)$$

其中，DIC^{tij} 为 t 时期 i 国（地区）在数字产业 j 的产业竞争力，Z_1^{tij} 代表标准归一化后的产业盈利能力竞争力，Z_2^{tij} 代表标准归一化后的产业生产效率竞争力，Z_3^{tij} 代表标准归一化后的产业产出能力竞争力，Z_4^{tij} 代表标准归一化后的产业出口竞争力。

二、数　据　说　明

第一，在数字产业竞争力指标测度过程中，所使用的数据主要来自中经网数据库、EPS（easy professional superior）数据平台、经济合作与发展组织贸易增加值（Organization for Economic Co-operation and Development Trade in Value-Added，OECD-TiVA）数据库、世界银行（World Bank，WB）及各类统计年鉴。

第二，鉴于中国数字产业增加值数据、雇员人数数据存在部分年份缺失的情况，且数据缺失年份较少，参考张熠和陶旭辉（2022）的研究方法，采用均值插值法对缺失年份的数据予以补齐。在计算各省份数字产业竞争力时，增加值数据后续并未公布，因此以利润额衡量产业增加值。由于各省份数字产业出口数据缺失严重，所以在省份数字产业竞争力评价中重点关注产业盈利能力、产业生产效率和产业产出能力。此外，在子指标计算过程中，发现有少部分数据缺失，针对缺失的相关数据，从两个方面对其进行填补：一方面，由于短期内行业相关数据不会出现大幅度变动，所以参考陈强远等（2024）的研究方法，通过移动平均进行填补处理；另一方面，对于多个数据库共有的指标，由于时间存在差异化，将两个数据库的数据利用增长率进行插补。

第三，鉴于数据的可得性，数字产业竞争力测度可能并未完全涵盖所有的数字产业，主要针对计算机、通信和其他电子设备制造业及信息传输、软件和信息技术服务业，即主要包括计算机制造业、通信设备制造业、广播电视设备制造业、雷达及配套设备制造、非专业视听设备制造、智能消费设备制造、电子器件制造、电子元件及电子专用材料制造、其他电子设备制造、电信、广播电视传输服务、卫星传输服务、互联网和相关服务、软件和信息技术服务业等。对部分变量取自然对数处理，与价格相关的变量统一折算为 2000 年不变价格。基础数据来源见表 4-2。

表 4 - 2　　　　　　　　　数字产业竞争力指标基础数据来源

一级指标	数据源
产业盈利能力（X_1）	中经网数据库、《中国统计年鉴》
产业生产效率（X_2）	中经网数据库、《中国统计年鉴》、EPS 数据平台
产业产出能力（X_3）	中经网数据库、《中国统计年鉴》
产业出口竞争力（X_4）	EPS 数据平台、OECD-TiVA、WB

第三节　中国数字产业竞争力评价

一、从总体看，数字产业竞争力不断提升

数字产业化为数字经济发展提供技术、产品、服务、基础设施和解决方案，为新兴产业发展提供了坚实基础。近年来，我国相继出台了《"十四五"数字经济发展规划》《"十四五"大数据产业发展规划》《数字中国建设整体布局规划》等文件，推动实施了"互联网＋"行动等一系列数字发展工程，加快培育壮大人工智能、大数据、云计算等新兴产业，提升通信设备、集成电路、电子元器件、关键软件等核心竞争力，中国数字产业竞争力不断上升。根据前文相关测量方法，对 2005～2023 年中国数字产业竞争力进行测算（见图 4 - 1）。

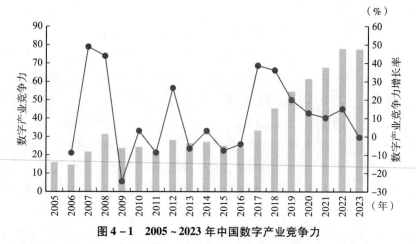

图 4 - 1　2005～2023 年中国数字产业竞争力

注：数字产业竞争力为主坐标轴，数字产业竞争力增长率为次坐标轴。

从图 4 – 1 中的数据可以看出，2005～2023 年中国数字产业竞争力总体呈增长态势，由 2005 年的 16.0 上升到 2023 年的 77.6，增长了 384.9 个百分点。2005～2023 年，中国数字产业竞争力呈现出明显的波动，2009 年数字产业竞争力较 2008 年有所下降，由 2008 年的 31.3 下降为 2009 年的 23.7。出现下降的主要原因在于，美国次贷危机引发全球性金融危机，导致全球金融市场的动荡和萧条，全球经济增长放缓，对中国数字产业的发展产生影响。此外，当时油价的大幅度上涨，导致包括数字产业在内的许多行业运营成本增加，利润下降，产业发展受限。2009 年以后，中国数字产业竞争力持续增长，2013 年出现略微下降，由 2012 年的 28.2 下降到 2013 年的 26.4，之后呈现持续上升的趋势。即使在新冠疫情期间，中国数字产业竞争力仍然呈现增长趋势，正如国家发改委在"振作工业经济运行的重要意义与政策举措"一文中所阐释的，面对肆虐的新冠疫情，在党中央的坚强领导下，中国迅速控制住疫情，恢复了产业链的正常运转。① 中国凭借强大的产业链韧性和巨大的生产能力，疫情期间实现工业正增长，商品出口创历史新高，数字产业也不例外。从增长率的角度来看，中国数字产业竞争力的增长率总体稳定，正向增长是大势所趋，只有少部分年份出现负向增长。

二、分维度看，数字产业竞争力竞相进发

近年来，互联网、大数据、云计算、人工智能、区块链等技术加速创新，日益融入经济社会发展的多个领域，中国制定数字经济发展战略、出台鼓励政策，数字产业发展速度之快、辐射范围之广、影响程度之深前所未有，数字产业盈利能力、生产效率、产出能力和出口竞争力都在发展。就产业盈利能力来看，数字产业属性使得企业运营成本不断降低，云计算、人工智能的快速发展为数字产业开辟了新的盈利渠道和范围，数字企业的产品和服务能够轻松在国内市场流动，或跨越国界获得国外附加值利润。长期以来，中国数字产业盈利不断增长，2005 年数字产业增加值为 9600.2 亿元，2012 年超过 2 万亿元，达到 22706.7 亿元，2023 年增长到 88485.9 亿元。从生产效率来看，中国的数字产业生产效率呈现令人瞩目的发展态势，数字技术的应用大幅提升了生产效率，工业互联网的普及使得生产设备能够实现互联互通，大量的数据被采集和

---

① 振作工业经济运行的重要意义与政策举措 [EB/OL]. 中华人民共和国国家发展和改革委员会，https://www.ndrc.gov.cn/xwdt/ztzl/cjgyjjpwzz/.

分析，企业可以精准监控生产流程中的每一个环节，提前预测设备故障，优化生产计划。数字平台的兴起改变了服务的提供方式，数字化服务通过大数据分析消费者的偏好，能够精准推送商品，提高商品的销售转化率。同时，数字服务产业是技术创新与产业变革相互促进的结果，它打破了地域限制，提升了工作效率。2005～2023 年中国数字产业生产效率总体呈增长态势（见图 4 - 2），数字产业效率由 2005 年的 33.9 亿元/万人上升到 88.0 亿元/万人，数字产业为中国经济的高质量发展持续注入强大动力。

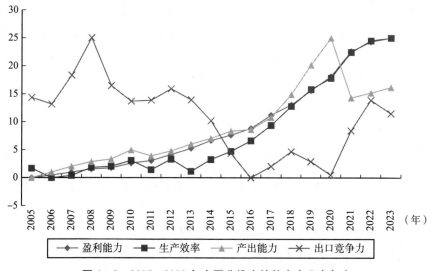

图 4 - 2　2005～2023 年中国分维度的数字产业竞争力

　　数字产业产出能力能够衡量一个国家在数字产业领域的影响力，数字产业产出能力越高越能够吸引国际投资和合作，从而进一步提升国家在数字产业方面的综合竞争力。中国数字产业产出能力呈波动上升的趋势，2006 年中国数字产业产出能力为 1.0，2020 年增长到 25，2021 年较 2020 年有所降低，下降至 14.3，2023 年上升为 16.2。相较于其他子指标来说，数字产业出口竞争力波动幅度最大，2005 年数字产业出口竞争力为 2.3，2008 年增长为 2.5，2008 年出现下降，2016 年中国数字产业出口竞争力为 2.0，2016 年后出现波动上升，2023 年为 2.3。近年来，新型数字贸易壁垒不断增加，很多国家通过国内立法规定了数据境内存储和数据流量限制等规制措施，这些措施不利于世界范围内数字产业的贸易和数据的自由流动，对数字产业贸易企业造成极大困扰。

三、从国际看，数字产业竞争力"一超多强"

从国际层面来看，全球数字产业竞争力呈现"一超多强"的格局（见表4－3），美国在数字产业竞争力上具有绝对领先优势，2005 年美国数字产业竞争力为 70.94，2020 年上升为 83.34，位列全球首位。中国、韩国、日本、德国等国的数字产业竞争力处于第二梯度，中国数字产业竞争力增长速度较快，2005 年中国数字产业竞争力排名相对靠后，2020 年中国数字产业竞争力仅次于美国，达到 74.91。韩国和日本等国的数字产业竞争力排名靠前，2020 年韩国的数字产业竞争力为 68.75，日本的数字产业竞争力为 61.95。各国在出口竞争力上的得分差距最大，在产出能力和盈利能力上的差距较大，在生产效率方面的差距较其他三个指标小。美国数字产业竞争力排名世界第一的重要原因在于，其在产业盈利能力、产业生产效率和产业产出能力三个维度都明显强于其他国家。就中美两国来看，美国在产业盈利能力、产业生产效率和产业产出能力方面要明显强于中国，而中国在出口竞争力方面明显强于美国。人工智能、区块链、大数据、云计算等数字技术在全球范围内广泛应用，全球经济向数字化、智能化变革的步伐不断加快，全球数字产业竞争格局加速重塑。

表4－3　　　　　　　2005～2020 年部分国家数字产业竞争力

国家	2005 年	2008 年	2010 年	2012 年	2014 年	2016 年	2018 年	2020 年
澳大利亚	31.86	35.78	39.06	42.16	40.55	37.38	37.46	37.74
加拿大	35.19	39.19	41.28	43.00	41.81	39.72	42.15	43.70
法国	47.18	50.90	49.40	49.94	50.46	48.61	51.11	51.22
德国	47.15	51.52	49.08	50.94	52.80	51.69	54.94	55.29
意大利	41.04	44.52	43.11	41.99	41.50	39.73	41.40	40.81
日本	61.26	61.60	64.26	66.13	61.55	61.07	61.47	61.95
韩国	54.63	55.29	61.62	63.89	66.22	67.14	74.89	68.75
墨西哥	36.52	41.52	42.30	41.59	40.77	37.56	37.68	36.82
英国	50.02	52.31	50.25	52.20	53.73	52.18	53.79	54.55
美国	70.94	73.51	74.73	76.53	77.40	79.56	81.22	83.34
中国	39.18	49.97	55.99	62.65	65.65	66.76	72.68	74.91
印度	25.92	35.74	38.96	42.43	47.85	52.67	56.82	60.34

续表

国家	2005 年	2008 年	2010 年	2012 年	2014 年	2016 年	2018 年	2020 年
菲律宾	15.48	23.07	30.03	38.66	41.45	41.69	41.47	43.88
俄罗斯	12.48	25.32	23.76	28.51	27.87	20.09	23.57	24.13

注：为便于国家间数字产业竞争力对比，此表格的基础数据全部来源于 OECD-TiVA 和 OECD-TiM 数据库，2023 年版数据更新至 2020 年。

四、分省份看，数字产业竞争力区域差距明显

从各省（市）数字产业竞争力来看（见图 4 - 3），广东省、江苏省和浙江省的数字产业竞争力位居前三，分别为 94.8、86.2 和 79.1。数字产业竞争力总体上与省（市）经济实力和规模存在显著相关性，数字产业发展较为领先的省（市）整体上集聚在东部沿海地区，京津冀、粤港澳大湾区、长三角三大城市群数字产业发展基础雄厚，成渝、长江中游城市群加速追赶，中国数字产业发展形成"弓箭型"空间发展格局。近年来，东部沿海地区数据要素市场化配置改革持续深化，数字产业化和产业数字化加快推进，正在成为中国培育世界级数字产业集群的重要抓手。广东省作为数字经济大省，出台了《"数字湾区"建设三年行动方案》《2024 年广东省数字经济工作要点》等文件，大力推进网络强省、数字广东建设。广东省数字经济规模连续多年居全国首位，造就了广东省数字产业竞争力排名全国首位的局面。相较于东部沿海发达省（市），新疆维吾尔自治区、海南省和甘肃省等地区数字产业竞争力排名靠后，数字产业竞争力区域差距明显。

近年来，四个直辖市的数字产业竞争力显著提升，尤其是重庆市的数字产业竞争力提升幅度最大（见图 4 - 4），由 2005 年的 16.1 上升到 2021 年的 70.3，2022 年较 2021 年有所下降。在四个直辖市中，北京市的数字产业竞争力在大多数年份明显高于上海市、天津市和重庆市，2022 年北京市的数字产业竞争力为 77.4，在直辖市中排名第一，之后依次为上海市、重庆市和天津市。

此外，通过对各省（市）数字产业的时间纵向维度进行对比，我们发现 2022 年广东省、重庆市和安徽省等省（市）的数字产业竞争力较 2021 年出现下降，这主要是由于盈利能力降低引起的。近年来，全球经济环境复杂多变，地缘政治冲突、通货膨胀压力、货币政策转向等多重因素使得市场波动显著增多，在中美贸易摩擦和发达国家"再工业化"政策的影响下，中国高端制造

业产业链向发达国家回流（刘莹和彭思仪，2023），影响了我国多个省份的数字产业利润。此外，伴随我国"人口红利"的消失和劳动力成本的上涨，中国低端制造业产业链逐渐向东南亚地区快速转移，数字产业也受到冲击。

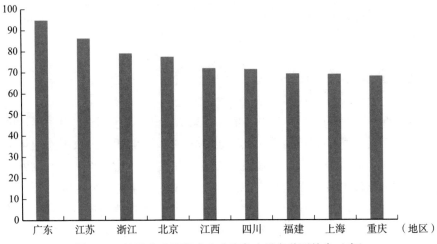

图4-3　2022年中国数字产业竞争力排名前列的省（市）

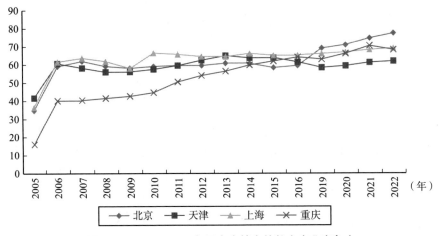

图4-4　2005~2022年四个直辖市的数字产业竞争力

第五章 中国数字产业竞争力
对新质生产力的影响

新质生产力理论为新时代中国经济高质量发展提供了新的生产力理论指导。2023年9月，习近平总书记在新时代推动东北全面振兴座谈会上首次提出"新质生产力"的概念，在二十届中央政治局第十一次集体学习时提出要整合科技创新资源，引领发展战略性新兴产业和未来产业，加快形成新质生产力。[①] 2024年习近平总书记先后在参加江苏代表团审议会议、新时代推动中部地区崛起座谈会、西部大开发座谈会上强调要"因地制宜发展新质生产力"，由此指明了新常态下中国经济发展和生产力提升的新方向。随着新一轮科技革命持续深入，以大数据、云计算、区块链、人工智能等为代表的数字技术不断迭代创新，由此衍生带动数字产业蓬勃发展。数字产业天然具有高创新、强渗透和广覆盖的特性，本身就是先进高端产业的代表，这与新质生产力的内涵不谋而合。在数字经济时代，科技创新已经通过数据要素的形式嵌入生产力，并深刻改变了生产力要素的构成。因此，以数字产业为核心的数字经济已经成为新质生产力发展的新赛道，加快发展数字产业，持续提升数字产业竞争力，对于全面构建形成新质生产力具有重要的战略意义。

第一节 数字产业竞争力驱动新质生产力发展的理论逻辑

有别于传统生产力，新质生产力强调科技创新的主导作用，是中国经济发展从粗放式投入型向集约式创新型转变的现实需要。理解新质生产力，要把握好"新"和"质"两个方面的深刻内涵。新质生产力的"新"，在技术层面强

---

① 习近平. 发展新质生产力是推动高质量发展的内在要求和重要着力点［EB/OL］. 中国政府网，https：//www.gov.cn/yaowen/liebiao/202405/content_6954761.htm？menuid＝197.

调对关键性技术和颠覆性技术的自主突破创新，面对西方发达国家日益严重的封锁和敌视，发展新质生产力是解决中国面临的关键核心领域"卡脖子"问题的重要战略举措；在产业层面，新质生产力的发展方向是新经济和新业态，要实现技术与经济的衔接，实现先进技术向高端产业的转化，以及对传统产业的优化升级，是中国战略性新兴产业和未来经济增长的重要着力点。新质生产力的"质"指创新驱动的本质，要把经济增长的动能由传统的要素投入驱动转换为创新驱动，推动形成以科技创新为核心要素的新质生产力。数字产业与新质生产力密切联系，如何更好地评判数字产业发展状况及其对新质生产力的贡献具有重要的现实意义。一方面，竞争力是产业获取资源参与市场竞争和维持自身生存发展的综合能力的体现，能够较为全面地代表数字产业发展质效；另一方面，数字技术的渗透性决定了数字产业对整体生产力的影响机制是复杂的，必须厘清机制传导路径，有针对性地补短板、强弱项。

新质生产力是现代产业的未来发展方向，数字产业发挥的作用日益重要。一方面，数字产业的规模持续扩大，在经济体系中的比重不断增加，其主导作用不断增强。另一方面，数字产业持续引领现代产业的构建路径，其产业关联和融合功能催生的模式创新激发了要素潜能，驱动新技术新产业有序迭代拓展。因此，数字产业竞争力的提升将有助于优化现代产业体系的运行质效，多方位全链条加快新质生产力的形成和跃升。

数字产业竞争力影响新质生产力的作用渠道，主要体现在产业结构优化、创新要素配置、技术创新三个层面。产业结构优化方面，中国产业结构正处于深化调整阶段，部分高新技术产业持续突破，不断筑牢新质生产力发展根基。同时，大量价值链低端产业、高投入高消耗行业等传统产业仍存在，产业水平整体大而不强，数字产业的强突破性和渗透性为中国产业结构转型升级提供了动力和机遇。一方面，数字技术的创新驱动效应推动数字产业化持续发展。从大数据、云计算、区块链等技术发展延伸出来的各项产品和服务，本身已成为日益成熟的产业，且在产业体系中的地位日益提高。同时，数字产业低消耗、高迭代的优势会加速对落后产业的竞争替代，从而助力产业结构优化升级，并成为新质生产力的重要组成部分。另一方面，数字产业的强外部性为传统产业的转型升级提供了可行路径。通过对传统产业的技术赋能和数智化改造，可以获得显著的产品和服务竞争优势，能够有效解决相关产业需求饱和、同质竞争、创新不足等困境，倒逼传统产业更新组织结构和运行方式，从而催生更多符合新质生产力发展要求的产业。因此，数字产业竞争力的提升将助力产业结构的深度转型升级，加速新质生产力的跃升。

　　生产要素是生产力的基本构成，生产力的进步最终体现在要素配置的优化提升上。新质生产力区别于传统生产力的重要特征便是创新要素的大量形成，其中数据要素是最重要的方面。实践表明，不论是数据要素的自身要素特性，还是数据要素与其他生产要素的融合，均已显著改变生产要素结构。具体来看，数据要素能够发挥乘数效应，提升传统要素的生产价值，释放经济增长动能，推动传统要素结构向符合新质生产力要求的方向转型。同时数据要素本身就是最具活力和创新性的新型生产要素，能够发挥纽带作用，让各类先进优质生产要素向发展新质生产力的方向顺畅流动。数据要素能够打破时空约束，拓宽要素配置的边界，通过发挥协同效应在更大的范围内配置要素，提升了资源配置的经济社会价值，并实现了对新质要素结构的优化调整。因此，作为数据要素的产业载体，数字产业竞争力的提升将助力创新要素配置，加速新质生产力的跃升。

　　科技创新是新质生产力的核心，技术层面的突破是新质生产力"创造性破坏"和"创造性转型"的驱动力。历次科技革命均起源于颠覆性创新的形成，原因就在于技术的革命性突破会引发多领域的产业重构和持续的产业迭代，推动新业态对旧业态的替代，产生全新的经济生态体系，释放出强大的生产力。以云计算、人工智能等为代表的技术创新深刻改变了传统生产方式，并形成了平台经济、算法经济、智能服务等新型经济业态，显著提升了整体经济的全要素生产率。同时，由于技术发展的连续性，通用性技术创新也将带来生产效率提高。通用性技术创新的产业化以及对其他产业领域的渗透作用，会对产业产生明显的规模经济效益，降低生产成本，提升经济运行效率。数字经济时代，数字产业的迭代升级持续释放发展活力，显著弱化了信息不对称，强化了产业间的网络效应，智慧出行、快递物流、物联网等产业的发展均是对市场供需端有效整合的代表。因此，作为最具创新潜力的数字产业，其竞争力的提升将由内而外助力技术突破创新，不论是颠覆性技术创新还是通用性技术创新，均将加速新质生产力的跃升。

第二节　模型设定、变量测算与数据说明

一、模型设定

　　为更加深入地分析中国数字产业竞争力对新质生产力的影响，在参考前人

研究的基础上，构建基准计量模型如下：

$$nprod_{it} = \alpha_0 + \alpha_1 digit_{it} + \alpha_2 consum_{it} + \alpha_3 chain_{it} + \alpha_4 lnfdi_{it}$$
$$+ \alpha_5 lngov_{it} + \eta_i + \mu_t + \varepsilon_{it} \tag{5-1}$$

其中，被解释变量 $nprod_{it}$ 为 i 国（地区）t 时期的新质生产力发展水平；解释变量 $digit_{it}$ 表示 i 国（地区）t 时期的数字产业竞争力；控制变量主要包括社会消费水平（$consum_{it}$）、产业链现代化水平（$chain_{it}$）、外商投资规模（$lnfdi_{it}$）和政府财政支出（$lngov_{it}$）。η_i 表示个体效应，μ_t 为时间效应，ε_{it} 为随机误差项。

在没有考虑内生性的情况下，对式（5-1）进行估计，结果将是有偏的和非一致的。这里的内生性主要体现在联立性、遗漏变量及测量误差方面（李锴和齐绍洲，2011）。

（一）联立性

联立性的本质是解释变量与被解释变量之间存在反向因果关系，或二者同时受其他变量的影响，是最为常见的内生性问题。具体表现在以下两个方面。（1）数字产业竞争力会促进新质生产力水平的提升。从比较优势理论、赫克歇尔—俄林（H-O）理论到赫克歇尔—俄林—凡耐克（H-O-V）理论都表明要素禀赋特征对专业化分工有重要的影响，而数据作为新型生产要素，在对传统生产力的内涵进行拓展和延伸的同时，对生产力也能够产生推动作用。首先，数字产业极大地提高了生产效率，通过大数据分析、人工智能等技术，企业能够精准预测市场需求，优化生产流程，减少资源浪费和成本支出，从而促进生产力发展。其次，数字产业催生了新的商业模式和业态，电子商务、共享经济等数字经济模式打破了传统的时空限制，拓展了市场边界，创造了更多的商业机会，这些新的商业模式在为企业带来新利润增长点的同时促进新质生产力的发展。最后，数字产业推动了创新能力的提升，利用数字化工具进行协同创新，提升了生产力水平。（2）新质生产力水平会促进数字产业竞争力的提升。新质生产力意味着更先进的技术、更高效的生产方式以及更优质的资源配置，当新质生产力水平提升时，会为数字产业提供强大的技术支撑。同时，新质生产力带来的创新能力增强，会促使数字产业不断推陈出新。此外，新质生产力水平的提高还能优化数字产业的资源配置。

（二）遗漏变量

在实际建模过程中，由于无法将所有影响新质生产力的解释变量全部列出，所以可能产生遗漏变量。此时，遗漏变量的影响就被纳入误差项中，当遗漏变量与其他解释变量存在相关性时，就会导致内生性问题。遗漏变量可能会造成对估计结果的高估或低估，当遗漏变量对被解释变量有正向影响时会造成结果高估，反之则会造成结果低估。

（三）测量误差

在变量的选择中，不同统计口径及不同测算方法都会导致指标取值存在差异。因此，在变量的选取方面，会尽可能减小误差，但不能保证误差不存在。

为有效解决上述三个问题，证明结论的有效性，在静态面板中使用工具变量进行检验。工具变量主要来源于两个方面：一是采用滞后期作为工具变量，二是寻找外部工具变量。

进一步地，对数字产业竞争力影响新质生产力的作用机制进行检验分析，具体参考温忠麟等（2004）研究方法，构建模型如下：

$$indus_{it} = \beta_0 + \beta_1 digit_{it} + \beta_2 z_{it} + \eta_i + \mu_t + \varepsilon_{it} \tag{5-2}$$

$$nprod_{it} = \delta_0 + \delta_1 digit_{it} + \delta_2 indus_{it} + \delta_3 z_{it} + \eta_i + \mu_t + \varepsilon_{it} \tag{5-3}$$

$$lninn_{it} = \varphi_0 + \varphi_1 digit_{it} + \varphi_2 z_{it} + \eta_i + \mu_t + \varepsilon_{it} \tag{5-4}$$

$$nprod_{it} = \varphi_0 + \varphi_1 digit_{it} + \varphi_2 lninn_{it} + \varphi_3 z_{it} + \eta_i + \mu_t + \varepsilon_{it} \tag{5-5}$$

$$lntech_{it} = \gamma_0 + \gamma_1 digit_{it} + \gamma_2 z_{it} + \eta_i + \mu_t + \varepsilon_{it} \tag{5-6}$$

$$nprod_{it} = \kappa_0 + \kappa_1 digit_{it} + \kappa_2 lntech_{it} + \kappa_3 z_{it} + \eta_i + \mu_t + \varepsilon_{it} \tag{5-7}$$

其中，z_{it}为控制变量，$indus_{it}$为 i 国（地区）t 时期的产业结构，$lninn_{it}$为 i 国（地区）t 时期的创新要素错配的对数值，$lntech_{it}$为 i 国（地区）t 时期的技术创新。

二、变量测算与数据说明

（一）变量测算

1. 数字产业竞争力（$digit_{it}$）

产业竞争力度量了产业在生产效率、满足市场需求以及持续获利等方面的能力（余振和陈文涵，2022）。国内外学者围绕产业竞争力的评价方法及指标体系等方面进行了广泛的研究，包括以"钻石模型"为代表的关键要素评价（Porter，1998；魏守华，2002；裴长洪等，2002；郑江淮等，2023）、以功能为导向的长期发展能力评价（Mytelka et al.，2000；王贤梅等，2022；张苏缘等，2023）、以结构转型为导向的结构评价（Fornahl et al.，2003；万幼清，2013；Turkina，2018；刘晨阳等，2023）及以价值增值为基础的国际竞争力评价（Koopman et al.，2014；赵瑞琴，2022）。基于此，在充分参考前人研究的基础上，根据前文方法对中国数字产业竞争力指标进行测度。

2. 新质生产力（$nprod_{it}$）

新质生产力的本质是生产力现代化转型发展的最新体现，不同学者基于不同角度构建新质生产力的指标体系。部分学者基于新质生产力的劳动者、劳动对象和生产资料特征等维度（韩文龙等，2024；王珏等，2024）构建评价指标体系，也有学者从产业发展、全要素生产率、数字化等角度（孙丽伟等，2024；卢江等，2024）构建指标体系。不同指标体系和测算方法下，结果差异性较大。参考韩文龙等（2024）的研究方法，从新劳动者、新劳动资料、新劳动对象、新技术、生产组织、数据要素等层面构建新质生产力的测算指标体系（见表5-1）。

表5-1　　　　　　　　　　　新质生产力的测算指标体系

维度	构成要素	分项指标	基础指标	指标说明和来源
实体性要素	新劳动者	新劳动者数量	新产业员工数	战略性新兴产业和未来产业上市公司的员工数，按注册地汇总到省级。数据来源于企业年报
		新劳动者结构	新产业员工教育结构	战略性新兴产业和未来产业上市公司本科及以上学历员工占比。数据来源于企业年报
			新产业员工技能结构	战略性新兴产业和未来产业上市公司技术部门员工占比。数据来源于企业年报
	新劳动资料	新生产工具	工业机器人渗透度	参考阿西莫格鲁和雷斯特雷波（Acemoglu and Restrepo，2020）、王永钦和董雯（2020）的研究。数据来源于IFR
			集成电路产量	数据来源于中华人民共和国工业和信息化部
		新基础设施	5G移动用户数	数据来源于中华人民共和国工业和信息化部
			国家重大科技基础设施建设数	数据根据官方文件自行整理
	新劳动对象	新能源	新能源发电比重	新能源发电量÷总发电量，其中新能源包括水力、核能、风力、太阳能，可衡量新能源供给水平。数据来源于国家统计局

续表

维度	构成要素	分项指标	基础指标	指标说明和来源
实体性要素	新劳动对象	新能源	特高压输电线路数	可衡量新能源消纳水平。数据根据官方文件自行整理
			新能源利用效率	GDP÷新能源发电量。数据来源于国家统计局
		新材料	新材料产业产值	新材料相关上市公司的营业收入。数据来源于企业年报
			新材料上市企业数	新材料相关上市公司的个数。数据来源于企业年报
渗透性要素	新技术	技术研发	高技术研发人员	高技术企业的研发人员数。数据来源于《中国科技统计年鉴》
			高技术研发经费投入	高技术企业的研发经费投入。数据来源于《中国科技统计年鉴》
			高技术研发机构数	高技术企业的研发机构数。数据来源于《中国科技统计年鉴》
		创新产出	高技术发明专利申请数	高技术企业的发明专利申请数。数据来源于《中国科技统计年鉴》
			高技术新产品销售收入	高技术企业的新产品销售收入数。数据来源于《中国科技统计年鉴》
	生产组织	智能化	电子商务企业数	有电子商务交易活动的企业数。数据来源于各省统计年鉴
			人工智能企业数	数据来源于天眼查
		绿色化	工业污染治理完成投资	数据来源于各省统计年鉴
		融合化	两化融合水平	衡量信息化与工业化融合发展水平。数据来源于中华人民共和国工业和信息化部
	数据要素	大数据生成	移动互联网接入数据流量	衡量大数据生成规模。数据来源于中华人民共和国工业和信息化部
		大数据处理	数据处理和运营服务收入	衡量大数据处理规模。数据来源于中华人民共和国工业和信息化部
		大数据交易	数据交易所数量	衡量大数据交易规模。数据根据官方文件自行整理

资料来源：韩文龙，张瑞生，赵峰. 新质生产力水平测算与中国经济增长新动能 [J]. 数量经济技术经济研究，2024，41 (6)：5-25.

3. 控制变量

社会消费水平（$consum_{it}$）。需求侧不断产生的消费需求可助推生产力发展（陈庆庆，2024）。企业为满足社会多样化需求，不断创新生产模式和产品，助推新质生产力的发展。采用社会消费品零售额并利用 GDP 进行标准化处理。

产业链现代化水平（$chain_{it}$）。先进的产业链具备高端的技术研发能力，可不断催生新技术、新工艺和新产品，为新质生产力提供核心动力。同时，现代化产业链拥有高效的协同机制，能促进不同环节的企业、科研机构等主体紧密合作，实现资源的优化配置和创新要素的快速流动，从而加速新质生产力的形成和壮大。参考张虎等的研究（2022），从产业链基础、产业链数字化、产业链创新、产业链韧性、产业链协同和产业链可持续六个维度组成指标体系，利用熵值法、Dagum 基尼系数、Kernel 密度估计函数等方法，对中国产业链现代化水平进行测度。

外商投资规模（$lnfdi_{it}$）。外商直接投资对新质生产力有多方面影响。外商直接投资能带来先进的技术和管理经验，促进新质生产力要素的培育与发展。同时，也能激发本土企业创新活力，推动产业升级。参考韩文龙等的研究（2024），以外商投资总额与 GDP 之比的对数值进行衡量，各年份外商投资数据使用当年平均汇率进行换算。

政府财政支出（$lngov_{it}$）。新质生产力往往需要大量的前期投入来进行技术创新和研发，政府的财政支出可以为新质生产力的研发提供资金支持，推动科研机构和企业加大研发力度，加速新质生产力的发展。政府在基础设施建设方面的财政支出同样重要，良好的交通、通信、能源等基础设施为新质生产力的发展创造了有利条件。参考李燕凌和蔡湘杰（2024）的研究，采用地方财政一般预算支出的对数值并利用 GDP 进行标准化处理。

4. 机制变量

产业结构（$indus_{it}$）。数字技术的广泛应用推动传统产业向智能化、数字化方向转型，提高了生产效率与产品质量。同时，数字产业催生了众多新兴业态，如电子商务、数字金融等，拓展了产业发展空间。数字产业竞争力的提升打破了产业间的壁垒，为产业结构的优化升级注入强大动力。当产业结构不断优化时，各产业间的资源分配更加合理。传统产业通过转型升级，引入先进的数字技术、智能制造等手段，提高生产效率和产品质量，为新质生产力的发展提供坚实基础。新兴产业在优化产业结构的过程中，能够获得更多的资源支持和发展空间，有利于新质生产力的发展。参考李燕凌和蔡湘杰的研究（2024），采用第二产业与第三产业的比值进行衡量。

创新要素错配（$lninn_{it}$）。数字产业能够打破传统产业的时空限制，使信息流通更加高效。通过大数据分析等技术手段，企业可以精准了解市场需求，从而合理安排生产要素，促进跨区域、跨行业的资源整合，将闲置资源充分利用，避免资源的浪费和错配。此外，数字产业竞争力的提升吸引了大量的人才、资金等资源流入，进一步推动创新资源在更广阔的范围内实现优化配置。新质生产力以资源优化配置为支撑，从生产力发展历史看，每次生产力水平的跃升都伴随生产要素范围及其相对重要性的不断拓展和变化。参考王宏鸣等的方法（2022），从研发资本错配和研发人员错配两个方面对创新要素配置进行测度。该指标为负向指标，创新要素错配程度越小，越有利于优化资源的有效配置。

技术创新（$lntech_{it}$）。在大数据和人工智能不断发展的时代，数据成为重要的生产要素与核心资源，数字产业催生了海量的数据资源，是技术创新的重要支撑，深刻改变着生产方式、生活方式和社会治理方式。科技创新能够催生新产业、新模式、新动能，是发展新质生产力的核心要素。采用技术市场成交额的对数值进行衡量。

（二）数据说明

鉴于数据的可得性，以 2012～2022 年中国 28 个省级行政区（不包括西藏、宁夏、青海以及港澳台地区）为研究对象，对数字产业竞争力与新质生产力之间的关系进行研究分析。由于西藏、宁夏、青海以及港澳台地区的数据缺失严重，所以未被包含在研究样本中。此外，鉴于 2017 年和 2018 年《中国工业统计年鉴》数据缺失，对数字产品制造业的统计数据缺乏，所以本章所使用的数据并不包含 2017 年和 2018 年。使用的相关数据主要来源于中经网数据库、EPS 数据平台、OECD-TiVA 数据库、WB 及各统计年鉴。对部分变量取自然对数处理，与价格相关的变量统一折算为 2000 年不变价格。变量的描述性统计见表 5－2。

表 5－2　　　　　　变量的描述性统计

变量名称	变量符号	观测值	均值	标准差	最小值	最大值
新质生产力	$nprod_{it}$	252	0.10	0.10	0.01	0.66
数字产业竞争力	$digit_{it}$	252	58.04	12.65	38.12	96.31
社会消费水平	$consum_{it}$	252	0.39	0.07	0.18	0.61

续表

变量名称	变量符号	观测值	均值	标准差	最小值	最大值
产业链现代化水平	$chain_{it}$	252	0.22	0.06	0.05	0.54
外商投资规模	$lnfdi_{it}$	252	11.72	1.36	8.77	15.55
政府财政支出	$lngov_{it}$	252	-1.48	0.33	-2.25	-0.77
产业结构	$indus_{it}$	252	1.38	0.77	0.61	5.24
创新要素错配	$lninn_{it}$	252	-1.12	0.63	-3.20	0.38
技术创新	$lntech_{it}$	252	5.24	1.83	-0.56	8.98

第三节　数字产业竞争力驱动新质生产力发展的实证分析

一、基准回归结果

考虑到面板数据容易出现组内序列相关和组间异方差等问题，导致普通最小二乘法（ordinary least squares，OLS）估计结果失效（李月和蔡礼辉，2020）。首先，根据 F 检验确定选取混合回归还是固定效应，若拒绝原假设，则选择固定效应，反之，则选择混合回归；其次，采用豪斯曼（Hausman）检验确定选取固定效应还是随机效应，结果显示，选用固定效应模型更为合理。因此本书采用固定效应模型对数字产业竞争力和新质生产力进行估计，结果见表 5-3。

表 5-3　　　　　　　　数字产业竞争力与新质生产力的基准回归

自变量	因变量				
Dig_{it}	0.0022 *** (0.0008)	0.0016 ** (0.0008)	0.0014 * (0.0007)	0.0017 ** (0.0008)	0.0019 ** (0.0008)
$consum_{it}$	—	0.1306 ** (0.0514)	0.1368 *** (0.0480)	0.1199 ** (0.0484)	0.1291 *** (0.0483)
$chain_{it}$	—	—	0.6059 *** (0.1059)	0.6142 *** (0.1052)	0.6096 *** (0.1046)
$lnfdi_{it}$	—	—	—	0.0108 ** (0.0052)	0.0101 * (0.0052)

续表

自变量	因变量				
$lngov_{it}$	—	—	—	—	0.0599 * (0.0309)
_cons	0.0653 (0.0419)	0.0474 (0.0420)	-0.0105 (0.0404)	-0.1392 * (0.0745)	-0.0524 (0.0866)
r^2	0.1729	0.1971	0.3040	0.3175	0.3294
N	252	252	252	252	252
F	4.9925	5.2521	8.4559	8.2182	7.9726

注：括号内为稳健标准误；***、**、*分别表示在1%、5%、10%水平上显著。
资料来源：笔者利用 Stata16 软件计算。

表5-3中的结果显示，在不考虑其他因素的情况下，数字产业竞争力对新质生产力的影响在至少1%的水平上显著为正，说明数字产业竞争力和新质生产力之间存在显著的正相关关系，即数字产业竞争力越大，越能促进新质生产力水平的提升。纳入控制变量后，数字产业竞争力对新质生产力的影响仍在至少10%的水平上显著为正。可能的原因在于，数字产业竞争力的提升意味着在产业技术研发与应用方面取得更大进展，这不仅能满足快速发展的人工智能、大数据等技术对算力的需求，更是新质生产力在智能化方向发展的关键支撑。高性能芯片可以让智能工厂中的自动化生产设备更加高效精准地运行，从传统的机械化生产跃升至智能化生产，极大地提高生产效率和新质生产力水平。此外，数字产业竞争力提升有助于形成产业集群效应，吸引上下游相关企业聚集、交流、协作、竞争，从而加速新技术、新生产方式的产生、溢出和应用，为新质生产力的发展营造良好的产业生态环境。

在模型中，加入地区特征因素作为控制变量。社会消费水平对新质生产力的影响在至少5%的水平上显著为正，即社会消费水平越高越有利于新质生产力的发展。消费水平的提高意味着人们对产品质量和性能的要求也越来越高，这确实可以在某种程度上决定生产的方向、规模和水平。产业链现代化水平对新质生产力的影响在至少1%的水平上显著为正，即产业链现代化水平越高越有利于新质生产力的发展。外商投资规模对新质生产力的影响在至少1%的水平上显著为正，即外商投资规模越大越有利于新质生产力水平的提升。外商投资带来了先进的生产技术和管理经验，被经济体消化吸收后用以改进自身的生产技术水平，推动新质生产力的发展。同时外商将质量、环保及安全等标准传递给经济体，倒逼企业进行技术、管理水平等方面革新以提升国际竞争力，促使企业新质生产力发展。政府财政支出对新质生产力的影响在至少1%的水平上显著为正，即在不考虑其他因素的情况下，政府财政支出越多越有利于新质生产力水平的提升。

二、稳健性检验

为检验评价方法和指标解释能力的稳健性，采用改变估计方法、替换被解释变量、替换解释变量和剔除特殊年份四种方法对实证结果进行稳健性检验（见表5-4）。首先，通过改变估计方法，即采用随机效应模型对数字产业竞争力和新质生产力之间的关系进行检验，检验结果见表5-4第一列。表中结果显示，在随机效应模型下，数字产业竞争力对新质生产力的回归系数为0.0037（p<0.01），说明数字产业竞争力与新质生产力之间存在显著的正相关关系，与基准回归结果一致。其次，将被解释变量变为对数值形式，对数字产业竞争力和新质生产力之间的关系进行检验，检验结果见表5-4第二列。从表中结果可以看出，在被解释变量取对数值的情况下，数字产业竞争力对新质生产力的回归系数为0.0089（p<0.05），说明数字产业竞争力与新质生产力之间仍存在显著的正相关关系，即数字产业竞争力提升促进了新质生产力的发展。再次，将解释变量变为对数值形式，对数字产业竞争力和新质生产力之间的关系进行检验，检验结果见表5-4第三列。表中结果显示，数字产业竞争力对新质生产力的回归系数为0.0873（p<0.05），说明数字产业竞争力与新质生产力之间存在显著的正相关关系。最后，将2019～2022年的样本数据予以剔除，剔除2019～2022年样本数据的原因在于，2019年为全球新冠疫情暴发的时间点，剔除样本后的检验结果见表5-4第四列，结果显示数字产业竞争力对新质生产力的回归系数为0.0046（p<0.05），结果与基准回归一致。总体来看，核心结论稳健。

表5-4 稳健性检验

自变量	改变估计方法	替换被解释变量	替换解释变量	剔除特殊年份
$Dig_{it}/lnDig_{it}$	0.0037 *** (0.0007)	0.0089 ** (0.0040)	0.0873 ** (0.0418)	0.0046 ** (0.0019)
控制变量	YES	YES	YES	YES

自变量	改变估计方法	替换被解释变量	替换解释变量	剔除特殊年份
时间效应	YES	YES	YES	YES
个体效应	YES	YES	YES	YES
_cons	− 0. 3416 *** (0. 0707)	− 3. 6741 *** (0. 4630)	− 0. 2894 (0. 1796)	− 0. 2752 (0. 3103)
r^2	0. 8249	0. 2645	0. 3234	0. 3452
N	252	252	252	140
F	—	5. 8375	7. 7592	6. 0324

注：括号内为稳健标准误；***、**、*分别表示在1%、5%、10%水平上显著。
资料来源：笔者利用Stata16软件计算。

三、工具变量检验

根据前文的分析，估计结果可能存在内生性问题。数字产业竞争力对新质生产力有显著的促进作用，而新质生产力的发展也可能在一定程度上影响数字产业竞争力的发展，即可能存在反向因果。此外，还可能存在遗漏变量和测量误差等问题，影响实证结果的可靠性。为了避免内生性问题对实证结果产生影响，尝试使用工具变量法进行内生性处理。关于数字产业竞争力的工具变量选取主要基于两个角度：一是较为常见的滞后期工具变量，选取数字产业竞争力滞后一期作为工具变量；二是寻找有关数字产业竞争力的外部工具变量，参考张勋等（2020）的方法，利用地理信息系统所计算得到的距离类型变量，采用省份到杭州市的最小距离×全国互联网入户数作为外部工具变量。选择杭州市的原因在于，2003年习近平同志在浙江工作期间就提出了推进数字浙江建设的要求。近年来浙江在"八八战略"指引下，全力打造数字经济"一号工程"，浙江数字产业化发展位居全国前列。

在进行工具变量检验时，采用两阶段最小二乘法（Two Stage Least Square，2SLS）进行估计，结果见表5－5。表中第一列为未纳入控制变量情况下，工具变量数字产业竞争力滞后一期的检验结果，结果显示数字产业竞争力滞后期与新质生产力之间存在显著的正相关关系。表中第二列为纳入控制变量情况下，数字产业竞争力滞后一期对新质生产力的影响仍然显著为正。表中第三列为未纳入控制变量情况下，省份到杭州市的最小距离×全国互联网入户数作为工具变量的检验结果，结果仍然显示数字产业竞争力和新质生产力之间存在显著的正相关关系。综上，在考虑内生性的情况下，核心结论依然成立。

表 5 – 5 工具变量检验

自变量	滞后一期工具变量		外部工具变量	
	未纳入控制变量	纳入控制变量	未纳入控制变量	纳入控制变量
IV_{it}	0. 0029 *** (0. 0010)	0. 0027 ** (0. 0011)	0. 0039 *** (0. 0012)	0. 0084 *** (0. 0027)
控制变量	NO	YES	NO	YES
时间效应	YES	YES	YES	YES
个体效应	YES	YES	YES	YES
_cons	0. 0373 (0. 0573)	– 0. 1608 (0. 1089)	– 0. 0274 (0. 0701)	– 0. 3815 ** (0. 1659)
r^2	0. 7406	0. 8061	0. 7342	0. 8209
N	196	196	243	243
F	48. 86	34. 59	51. 23	29. 74

注：括号内为稳健标准误；*** 、** 、* 分别表示在1%、5%、10% 水平上显著。
资料来源：笔者利用 Stata16 软件计算。

第四节　数字产业竞争力驱动新质生产力 发展的作用机制及异质性分析

一、数字产业竞争力驱动新质生产力发展的作用机制分析

根据前文的分析，数字产业竞争力通过产业结构优化、创新要素配置和技术创新三个维度对新质生产力产生促进作用。数字产业竞争力的提升有利于经济体产业结构的调整，而产业结构的调整，如积极培育新能源、新材料、先进制造、电子信息等战略性新兴产业及积极培育未来产业，有利于加快形成新质生产力。同时，数字产业竞争力的提升有利于优化创新要素的配置，新质生产力以创新资源优化配置为支撑，即数字产业竞争力通过优化创新要素配置驱动新质生产力的发展。此外，数字产业竞争力的提升有利于技术创新，技术创新能够催生新产业、新模式、新动能，是发展新质生产力的核心要素。基于此，参考江艇（2022）的分析方法，基于前文构建的中介效应模型，对数字产业

竞争力影响新质生产力的机制进行实证检验。

作用机制检验结果如表 5 - 6 所示。表中第一列为数字产业竞争力对产业结构的影响效应，可以看出数字产业竞争力与产业结构之间存在显著的正相关关系，即数字产业竞争力能在一定程度上促进产业结构的优化。表中第二列为数字产业竞争力和产业结构对新质生产力的影响效应，在纳入产业结构后数字产业竞争力对新质生产力的影响不再显著，而产业结构与新质生产力之间存在显著的正相关关系，这说明数字产业竞争力通过优化产业结构进而驱动新质生产力的发展。表中第三列为数字产业竞争力对创新要素错配的影响，二者存在显著的负相关关系，即数字产业竞争力的提升降低了创新要素的错配，这意味着数字产业竞争力提升有利于优化创新要素配置。表中第四列为数字产业竞争力和创新要素错配对新质生产力的影响，数字产业竞争力对新质生产力的影响显著为正，而创新要素错配与新质生产力之间存在显著的负相关关系，说明数字产业竞争力的确通过降低创新要素错配进而驱动新质生产力的发展。表中第五列和第六列为技术创新作用渠道的检验结果，结果显示数字产业竞争力通过促进技术创新驱动新质生产力水平的提升。

表 5 - 6　　　　　　　　　　作用机制检验

自变量	产业结构优化		创新要素配置		技术创新	
	式 (5 - 2)	式 (5 - 3)	式 (5 - 4)	式 (5 - 5)	式 (5 - 6)	式 (5 - 7)
Dig_{it}	0. 0082 *** (0. 0029)	0. 0006 (0. 0007)	- 0. 0168 ** (0. 0073)	0. 0036 *** (0. 0007)	0. 0225 ** (0. 0111)	0. 0036 *** (0. 0007)
indus_{it}	—	0. 0467 *** (0. 0153)	—	—	—	—
lninn_{it}	—	—	—	- 0. 0120 * (0. 0062)	—	—
lntech_{it}	—	—	—	—	—	0. 0117 *** (0. 0044)
控制变量	YES	YES	YES	YES	YES	YES
时间效应	YES	YES	YES	YES	YES	YES
个体效应	YES	YES	YES	YES	YES	YES
_cons	1. 1383 *** (0. 3378)	0. 3123 *** (0. 0769)	- 0. 1426 (0. 4139)	- 0. 3819 *** (0. 0743)	3. 8109 *** (1. 2803)	- 0. 3282 *** (0. 0714)

续表

自变量	产业结构优化		创新要素配置		技术创新	
	式（5-2）	式（5-3）	式（5-4）	式（5-5）	式（5-6）	式（5-7）
r^2	0.7670	0.7299	0.0812	0.7923	0.7842	0.7833
N	252	252	252	252	252	252
F	53.4211	40.5344	63.9720	79.7137	58.9868	181.7230

注：括号内为稳健标准误；***、**、*分别表示在1%、5%、10%水平上显著。
资料来源：笔者利用Stata16软件计算。

二、数字产业竞争力驱动新质生产力发展的异质性分析

前文从整体层面揭示了数字产业竞争力与新质生产力之间的关系，但忽略了地区异质性。考虑到基于全样本回归可能会掩盖由经济发展水平、金融集聚程度和地理区位而导致的差异，参考桑德坎普（Sandkamp，2020）的方法，进一步考察数字产业竞争力对新质生产力发展的异质性。异质性检验主要从三个方面进行，即将经济发展水平高于全国平均水平的样本划分为高经济发展水平地区，否则为低经济发展水平地区；将金融集聚程度高于全国平均水平的样本划分为高金融集聚地区，否则为低金融集聚地区；按区域位置将样本划分为东部、中部和西部地区，进行分样本的异质性检验（见表5-7）。

表5-7   异质性分析

自变量	高经济发展水平	低经济发展水平	高金融集聚	低金融集聚	东部	中部	西部
Dig_{it}	0.0019 ** (0.0009)	0.0024 ** (0.0012)	0.0031 ** (0.0015)	0.0012 (0.0009)	0.0025 ** (0.0011)	0.0051 * (0.0027)	0.0000 (0.0006)
控制变量	YES	YES	YES	YES	YES	YES	YES
时间效应	YES	YES	YES	YES	YES	YES	YES
个体效应	YES	YES	YES	YES	YES	YES	YES
_cons	0.1483 (0.2262)	-0.1391 (0.0985)	-0.4400 (0.2712)	-0.1170 (0.0966)	0.0917 (0.1460)	-0.6218 * (0.3418)	0.1643 ** (0.0769)
r^2	0.7262	0.1697	0.7279	0.1644	0.6537	0.2346	0.6194

自变量	高经济发展水平	低经济发展水平	高金融集聚	低金融集聚	东部	中部	西部
N	96	1560	72	180	99	72	81
F	14.4887	1.9496	9.2592	2.1796	10.8894	1.2027	7.3865

注：括号内为稳健标准误；*** 、** 、* 分别表示在1%、5%、10%水平上显著。
资料来源：笔者利用Stata16软件计算。

　　表中第一列和第二列分别为高经济发展水平区和低经济发展水平区的检验结果，结果显示高经济发展水平区和低经济发展水平区数字产业竞争力和新质生产力之间都存在显著的正相关关系。表中第三列和第四列为高金融集聚区和低金融集聚区的检验结果，结果显示高金融集聚区的数字产业竞争力对新质生产力有明显的促进作用，而低金融集聚区的数字产业竞争力对新质生产力的影响并不明显。可能的原因在于，金融集聚通过优化金融资源配置，加强对新科技、新赛道、新市场的金融支持和降低交易成本，推动创新链、产业链、资金链、人才链深度融合（刘春霞，2024），加速新质生产力的形成。金融集聚程度越高，新质生产力的形成效应越明显。表中第五列、第六列和第七列为不同地理区位的检验结果，结果显示东部地区和中部地区数字产业竞争力与新质生产力之间存在显著的正相关关系，而西部地区数字产业竞争力对新质生产力的驱动作用并不显著。可能的原因在于，东部地区和中部地区数字产业的盈利能力、生产效率、产出能力和出口竞争力发展迅速，对新质生产力的作用得以充分发挥，而西部地区数字产业竞争力还在起步阶段，驱动作用还并未充分体现。

第六章 中国数字产业竞争力对企业 ESG 表现的影响

21 世纪以来，人类创造了前所未有的经济增长奇迹，人们在享受经济规模迅速扩张的同时，全球气候变暖、能源资源短缺、生态环境恶化等问题也随之而来。党的二十大报告强调要加快发展方式绿色转型。推动经济社会发展绿色化、低碳化是实现高质量发展的关键环节。企业作为践行绿色低碳发展的重要主体，其在环境、社会和治理（environmental, social and governance，ESG）方面的表现是实现经济社会高质量发展的重要基础，日益成为社会各界密切关注的议题。ESG 概念最早由前联合国秘书长科菲·安南（Kofi Atta Annan）于 2005 年在报告《在乎者即赢家》（*Who Cares Wins*）中提出，如今 ESG 与低碳、可持续发展主题高度契合，已成为企业的主流商业活动和经济合作的重要渠道。在"碳达峰""碳中和"及经济社会高质量发展背景下，中国企业发展迈入了新时期，如何有效发挥 ESG 的巨大作用，对实现"双碳"目标和经济高质量发展具有重要的理论意义和现实意义。企业作为市场的微观主体，是一切经济关系的载体，也是数字技术与实体经济深度融合的承载者。数字产业竞争力发展为企业生产效率的提升、新产品和新业务的应用提供了支撑，为重塑企业的经营理念和运营规则提供了新动能。那么，数字产业竞争力提升能否促进企业 ESG 表现的提升，其作用效果如何？本章将从微观视角对数字产业竞争力和企业 ESG 表现进行分析。

第一节 数字产业竞争力对企业 ESG 表现的理论分析

一、数字化转型与企业环境表现

数字技术作为世界科技革命和产业变革的先导力量，深刻改变着生产方式和社会治理方式。数字化转型以数字技术为主要依托，已成为企业获得竞争优势的关键驱动力，深刻影响着企业的环境表现。数字化转型对企业环境表现的影响主要体现在提高资源利用效率、信息互通和促进环保技术的应用等方面。数字化转型带来的更高技术含量的劳动资料是发展新质生产力的动力源泉，而新质生产力为整合信息、资金、技术等要素资源提供新机遇，减少了生产过程中不必要的资源浪费。企业数字媒介的出现促使企业和社会公众之间的信息互通共享，企业为维护自身利益和品牌形象不断提升其环境表现。同时，数字化转型有利于企业更好地了解消费者偏好，在人民日益增长的美好生活需要的大背景下，消费者越来越偏向绿色消费品，促使企业提升绿色生产技术水平，生产满足消费者需求产品的同时，提升企业自身的环境表现。对于政府监管部门来说，可以通过分析企业数据表现来观测企业实际经营情况和绿色发展任务履行情况，数字化转型有利于规避环境信息披露不规范和信息不对称的缺陷，企业"漂绿"行为将无处遁形，倒逼企业应用环保技术减少污染排放，保护生态环境，承担环境保护责任。

二、数字化转型与企业社会表现

数字化转型对企业社会表现的影响主要体现在对员工及消费者权益等方面。企业通过开展数字化转型，将过去延迟的、粗糙的信息转化成即时的、细化的数据，在企业内部流通，使企业内部形成更加模块化、动态化的管理体系，管理体系的优化改善了数据的流通和企业的内部治理，从而产生良好的社会表现。具体而言，数字化转型对员工的影响主要基于两个途径：一是数字化转型产生的生产效率提升效应，数字化转型有利于将员工从繁重的重复性工作中解放出来，员工有更多的时间提升自身素养，有利于综合素质的提升；二是数字化转型带来的信息披露效应能够为股东和员工沟通交流提供更好的平台，有利于员工发挥价值。与此同时，数字化转型有利于企业形成更加灵活、扁平的组织架构，增强员工的协同处理能力，提高员工工作的积极性和获得感。数字化转型对消费者权益的影响主要体现在数字化赋能方面，企业利用平台算法推送的消费者潜在需求，生产出满足消费者日益个性化、定制化的真实需求，提高消费者购买过程中的幸福感。数字化转型还为消费者跨平台比较商品质量、价格等提供便利，消费过程更加便捷顺畅。

三、数字化转型与企业治理表现

数字化转型主要通过内部治理和市场交互两方面对企业治理表现产生影响。企业内部治理方面，数字化转型促进企业完善组织架构和改变信息传递方式，企业组织架构由原来较为固定的科层制结构变得更加灵活扁平，简化了企业内部的信息流通环节，信息传递速度和质量明显改善，这一变化会引起企业内部沟通成本显著降低，提高企业的运营效率。同时，信息的便捷传递会催生统一化、规范化和平台化的数据存储及流通媒介，便于企业内部信息跨部门阅览沟通，提高企业内部的运转速度及治理效率。就市场交互而言，数字化转型改进了企业的生产经营模式，企业利用数字技术发掘海量信息中潜在的市场增长点，提高了企业生产经营效率，推动企业实现高质量发展。

ESG 表现是对企业环境、社会和治理表现的综合评价。综合来看，数字化转型主要从两个方面对企业 ESG 表现产生影响。一方面，通过企业自身内部的完善提高 ESG 表现。数字化转型会带来企业内部组织架构、信息传递和经营行为的变化，从组织架构上看，数字化转型促进企业组织架构扁平化、灵活化，使员工协同处理能力增强，提升企业治理表现。从信息传递上看，数字化转型打破了企业、市场和政府间的信息壁垒，加强了企业与利益主体的联系，同时企业生产经营行为受政府和社会监督，增强了企业承担社会责任的积极性。从经营行为上看，数字化转型赋能企业生产模式改变，极大地扩展了资源利用边界，降低了资源约束，环境表现不断提升。另一方面，通过对市场偏好的响应提高 ESG 表现。数字化转型有利于企业更好地了解市场消费偏好，促使企业优化生产经营模式，提高资源配置效率，满足消费者需求。市场同样偏好于履行社会义务和承担社会责任的企业，企业更有动力加强与市场之间的沟通交流，营造良好形象。

第二节　模型设定、变量测算与数据说明

一、模型设定

在前文理论分析的基础上，构建基准计量模型如下：

$$\text{esg}_{bt} = \nu_0 + \nu_1 \text{digit}_{bt} + \nu_2 z_{bt} + \eta_b + \mu_t + \varepsilon_{bt} \qquad (6-1)$$

其中，被解释变量 esg_{bt} 表示 b 企业 t 时期在环境、社会和公司治理方面的表现；解释变量 $digit_{bt}$ 为企业的数字产业竞争力。控制变量 z_{it} 表示其他可能影响企业 ESG 表现的因素。参考毛其淋和王玥清（2023）的研究，控制变量主要包括企业规模（$size_{bt}$）、总资产净利润率（roa_{bt}）、上市年限（age_{bt}）、机构投资者持股比例（$inst_{bt}$）、托宾 Q 值（$tobinq_{bt}$）、两职合一（$dual_{bt}$）和现金流比率（$cash_{bt}$）。η_b 表示企业个体效应，μ_t 为时间效应，ε_{bt} 为随机误差项。

考虑到 ESG 从环境（environment）、社会（social）和治理（governance）三个维度评估企业经营的可持续性和社会价值观念，所以还基于三个维度考察数字产业竞争力对 ESG 表现的影响，设定模型如下：

$$env_{bt} = \theta_0 + \theta_1 digit_{bt} + \theta_2 z_{bt} + \eta_b + \mu_t + \varepsilon_{bt} \qquad (6-2)$$

$$soc_{bt} = \vartheta_0 + \vartheta_1 digit_{bt} + \vartheta_2 z_{bt} + \eta_b + \mu_t + \varepsilon_{bt} \qquad (6-3)$$

$$gov_{bt} = \rho_0 + \rho_1 digit_{bt} + \rho_2 z_{bt} + \eta_b + \mu_t + \varepsilon_{bt} \qquad (6-4)$$

其中，env_{bt} 为企业环境表现，soc_{bt} 为企业社会表现，gov_{bt} 为企业治理表现。

二、变量测算与数据说明

（一）变量测算

关于被解释变量环境、社会和治理表现（esg_{bt}），参考石凡和王克明（2024）的方法，利用彭博数据库的 ESG 评级数据进行衡量。彭博数据库通过公司年报、公司官网、可持续发展报告等公开渠道收集公司 ESG 信息，从环境表现、治理表现和社会表现三个维度综合加权平均，形成 ESG 总评分。该评分越高，代表企业环境越好，反之则越差。数字产业竞争力（$digit_{bt}$）根据前文测算方法对数字产业相关企业的竞争力进行测算，鉴于进出口相关数据的可得性，数字产业相关企业的竞争力主要考虑盈利能力、生产效率和产出能力。

控制变量：企业规模（$size_{bt}$），企业规模影响着竞争力，一般而言，大型企业能为社会提供更多的就业，治理体系相对完善，其 ESG 表现好，企业规模以企业年度总资产的对数值来表示；总资产净利润率（roa_{bt}）也是影响竞争力的重要因素，以企业净利润与总资产平均余额之比来衡量；学界对企业上市年限（age_{bt}）和竞争力之间的关系并没有形成统一的观点，以当年年份与上市年份之差的对数值来衡量，进一步对企业上市年限和竞争力之间的关系进行研究；机构投资者持股比例（$inst_{bt}$）以机构投资者持股数与流通股本之比来衡量；托宾 Q 值（$tobinq_{bt}$）是衡量企业市场价值与资产重置成本的比率，较高的托宾 Q 值通常表明企业在市场上被高度认可，可能更愿意投资于可持续发展项目和社会责任项目，以维持良好的市场形象。此外，两职合一（$dual_{bt}$）以董事长与总经理是否为同一人来衡量，现金流比率（$cash_{bt}$）以经营活动产生的现金流量净额与总资产之比来衡量。

（二）数据说明

以 2012～2022 年中国沪深 A 股上市公司中数字产业公司为研究样本，对 ST 和 PT 的上市公司样本进行了剔除。为消除极端值的影响，对变量进行上下 1% 的缩尾处理。相关数据主要由前文计算而来，ESG 数据来自彭博咨询公司，其他数据来自国泰安（CSMAR）和万得（Wind）数据库。变量定义见表 6 – 1。

表 6 – 1   变量定义

变量类型	变量名称	变量符号	变量定义
被解释变量	环境、社会和治理表现	esg_{bt}	彭博 ESG 评价得分
	环境表现	env_{bt}	彭博 Env 评价得分
	社会表现	soc_{bt}	彭博 Soc 评价得分
	治理表现	gov_{bt}	彭博 Gov 评价得分
核心解释变量	数字产业竞争力	$digit_{bt}$	根据前文测算方法计算所得
控制变量	企业规模	$size_{bt}$	Ln（企业年总资产）
	总资产净利润率	roa_{bt}	企业净利润÷总资产平均余额
	上市年限	age_{bt}	Ln（当年年份 – 上市年份 +1）
	机构投资者持股比例	$inst_{bt}$	机构投资者持股总数除以流通股本
	托宾 Q 值	$tobinq_{bt}$	（流通股市值 + 非流通股股份数 × 每股净资产 + 负债账面值）÷总资产
	两职合一	$dual_{bt}$	董事长与总经理是同一个人为 1，否则为 0
	现金流比率	$Cash_{bt}$	经营活动产生的现金流量净额÷总资产

第三节　数字产业竞争力对企业 ESG 表现的实证分析

一、基准回归结果

通过豪斯曼检验，使用固定效应模型对企业微观层面数字产业竞争力与 ESG 表现之间的关系进行实证研究（见表 6 - 2）。表中第一列为未纳入控制变量时数字产业竞争力对企业 ESG 表现的影响，可以看出在未纳入控制变量情形下，数字产业竞争力对企业 ESG 表现在 1% 的水平上显著为正，这表明在不考虑其他因素的影响下，数字产业竞争力与企业 ESG 表现之间存在显著的正相关关系，即数字产业竞争力有利于企业 ESG 表现的提升。竞争力强的企业往往具备更高的资源使用效率、更高的创新能力以及更强的社会责任感，企业将资本、技术和人力资源投入到可持续发展和社会责任的项目中，更好的创新能力使企业能够开发出符合可持续发展目标的新产品和服务，不仅提升了企业的市场竞争力，也提升了 ESG 表现。在市场竞争中，消费者越来越倾向于选择在社会责任和环境保护方面表现良好的品牌，而竞争力强的企业通常在品牌价值和声誉管理上更加重视，进一步提升了企业 ESG 表现。

表 6 - 2　　　　数字产业竞争力对企业 ESG 表现的影响

自变量	因变量	因变量	因变量	因变量	因变量
$digit_{bt}$	0. 0106 *** (0. 0031)	0. 0065 ** (0. 0031)	0. 0066 ** (0. 0031)	0. 0060 * (0. 0032)	0. 0060 * (0. 0032)
$size_{bt}$	—	2. 0498 *** (0. 2168)	2. 2335 *** (0. 2280)	2. 9916 *** (0. 2842)	2. 9911 *** (0. 2846)
roa_{bt}	—	1. 2827 (1. 0323)	0. 6559 (1. 0364)	0. 3534 (1. 0737)	0. 3592 (1. 0888)
age_{bt}	—	—	- 0. 9767 *** (0. 3379)	- 1. 4649 *** (0. 3676)	- 1. 4643 *** (0. 3682)
$inst_{bt}$	—	—	- 2. 5793 ** (1. 1166)	- 2. 3100 ** (1. 1462)	- 2. 3109 ** (1. 1470)

续表

自变量	因变量	因变量	因变量	因变量	因变量
tobinq$_{bt}$	—	—	—	0.2786 *** (0.0639)	0.2787 *** (0.0640)
dual$_{bt}$	—	—	—	−0.0659 (0.2993)	−0.0658 (0.2994)
Cash$_{bt}$	—	—	—	—	−0.0501 (1.5309)
_cons	2.3680 *** (0.3517)	−39.7656 *** (4.4472)	−41.8711 *** (4.7202)	−57.7901 *** (5.9192)	−57.7808 *** (5.9284)
r^2	0.9130	0.9187	0.9217	0.9219	0.9219
N	1578	1578	1549	1487	1487
F	226.9511	214.6781	192.2655	167.4003	158.4650

注：括号内为稳健标准误；*** 、** 、* 分别表示在1%、5%、10%水平上显著。
资料来源：笔者利用Stata16软件计算。

表6-2中第二列至第五列为依次加入公司规模、总资产净利润率、上市年限、机构投资者持股比例、托宾Q值、两职合一和现金流比率等控制变量时的情况。结果显示，在纳入控制变量的情况下，数字产业竞争力对ESG表现的影响仍在至少10%的水平上显著为正，这与毕达天等（2024）的研究结论一致。这意味着数字产业竞争力的提升会对企业ESG表现有显著的促进效应。公司规模与ESG表现之间至少在1%的水平上显著为正，意味着规模越大的企业ESG表现越好，这与现实情况一致。一般而言，规模较大的企业资源更丰富、监管压力更大、创新能力更强，通常在ESG表现上更为优越，能够更加注重可持续发展能力的培养，吸纳更多人员就业，且治理结构更加系统化。托宾Q值与ESG表现之间的关系显著为正，较高的托宾Q值通常意味着市场对企业未来增长潜力的信心，这种信心会促使企业在可持续发展和社会责任方面进行更多投资，高托宾Q值企业通常会更加注重透明度和合规性，也会开发符合可持续发展目标的产品和服务，满足消费者对社会责任的期望。上市年限和机构投资者持股比例与ESG表现之间存在显著的负相关关系，总资产净利润率、两职合一和现金流比率与ESG表现之间的关系并不显著。

考虑到数字产业竞争力可能对企业环境、社会和治理表现产生不同的影响，从环境、社会和治理三个维度评估企业经营的可持续性和社会价值观念（见表 6-3）。表中第一列为在不考虑其他因素影响的情况下，数字产业竞争力对企业环境表现的影响，可以看出数字产业竞争力与企业环境表现之间在 10% 的水平上显著为正，即数字产业竞争力有利于促进企业环境表现。第二列为在加入其他控制变量后的结果，结果显示数字产业竞争力对企业环境表现的影响仍然在 1% 的水平上显著为正。可能的原因在于，数字产业竞争力对企业环境表现的影响体现在企业绿色生产模式的构建、社会监管模式的完善及政府环境督察的优化等方面，企业作为环境污染防治的主体，依托产业竞争力整合信息、资金、技术等要素资源，突破传统供应链供需边界，减少资源浪费，促进环境绿色发展。同时，数字媒介可以促进企业、政府和社会公众之间信息互通共享，数字产业竞争力的提升，使得企业生产经营行为更加透明化，企业为维护自身利益和品牌形象，通过更加环保的生产方式减少资源消耗和污染排放，提升企业环境表现。

表 6-3   数字产业竞争力对企业环境、社会和治理表现的分项影响

自变量	环境表现		社会表现		治理表现	
	未纳入控制变量	纳入控制变量	未纳入控制变量	纳入控制变量	未纳入控制变量	纳入控制变量
$Digit_{bt}$	0.0053 * (0.0029)	0.0142 *** (0.0034)	0.0144 *** (0.0043)	0.0083 * (0.0042)	0.0180 ** (0.0071)	0.0615 *** (0.0096)
控制变量	NO	YES	NO	YES	NO	YES
时间效应	YES	YES	YES	YES	YES	YES
个体效应	YES	YES	YES	YES	YES	YES
_cons	0.2713 (0.3228)	−36.6262 *** (5.8985)	1.6297 *** (0.4808)	−76.8765 *** (7.0771)	7.9754 *** (0.7927)	−173.4821 *** (15.9509)
r^2	0.7365	0.6889	0.8307	0.8370	0.9065	0.8350
N	1578	1327	1578	1487	1578	1487
F	48.2453	22.1637	21.2983	39.5464	166.7086	62.8266

注：括号内为稳健标准误；*** 、** 、* 分别表示在 1% 、5% 、10% 水平上显著。
资料来源：笔者利用 Stata16 软件计算。

　　第三列为不考虑其他因素情况下，数字产业竞争力对企业社会表现的影响，结果显示数字产业竞争力与企业社会表现之间存在显著的正相关关系，即数字产业竞争力对企业社会表现的影响在1%的水平上显著为正。第四列为在加入控制变量后，数字产业竞争力对企业社会表现的影响仍然在1%的水平上显著为正，即二者呈现出显著的正相关关系。社会表现主要体现在企业对员工、消费者权益及社会责任感等方面，数字经济背景下，企业信息日益公开透明化，企业负面行为会产生更为严重的后果，从而促进企业向服务化转型，且更有动力采取积极的社会责任举措，以满足员工、消费者及社会公众的需求。第五列为不考虑其他影响因素情况下，数字产业竞争力对企业治理表现的影响。第六列为加入控制变量后的情况，结果显示数字产业竞争力对企业治理表现的影响在至少5%的水平上显著为正，即数字产业竞争力的提升有利于企业治理能力的提升。

二、稳健性检验

　　为了确保研究结论的稳健性，进一步采用剔除特殊年份和替换解释变量等方法对实证结果进行稳健性检验（见表6 – 4）。一是剔除特殊年份样本。分别将2017年和2019年的数据样本予以剔除，剔除2017年样本数据的原因在于，2017年国家统计局在统计专利申请时，仅包括已支付申请费的专利申请，而在此之前涵盖所有专利申请，专利是衡量创新的重要指标，数字产业竞争力通过技术创新对ESG表现产生影响。剔除2019年样本数据的原因在于，2019年为全球新冠疫情的暴发时间点，全国企业经营状况受到冲击，企业ESG表现变化差异较大。剔除2017年样本后的检验结果见表6 – 4第一列，表中结果显示，数字产业竞争力对企业ESG表现的回归系数为0.0070（$p < 0.05$），表明在剔除2017年样本后，数字产业竞争力对企业ESG表现的影响在5%的水平上显著为正，与基准回归结果一致。表中第二列为剔除2019年样本数据后的检验结果，结果显示，数字产业竞争力对企业ESG表现的回归系数为0.0065（$p < 0.1$），表明在剔除2019年样本后，数字产业竞争力对企业ESG表现的影响在10%的水平上显著为正，即在剔除特殊年份样本下，数字产业竞争力和企业ESG表现之间仍然存在显著的正相关关系。二是替换解释变量。为避免不同度量方法产生的误差对研究结果产生影响，对因变量进行取对数处理，检验结果见表6 – 4中的第三列，结果显示数字产业竞争力与企业ESG表现之间的正相关关系依然显著。总

体来看，核心结论稳健。

表 6 - 4　　　　　　　　　　　　总体效应的稳健性检验

自变量	剔除 2017 年样本	剔除 2019 年样本	替换解释变量
$Digit_{bt}$	0.0070 ** (0.0035)	0.0065 * (0.0034)	0.0005 ** (0.0002)
控制变量	YES	YES	YES
时间效应	YES	YES	YES
个体效应	YES	YES	YES
_cons	-61.2790 *** (6.4218)	-58.9870 *** (6.8513)	0.3299 (0.5730)
r^2	0.9209	0.9224	0.8562
N	1324	1324	475
F	155.1429	160.2530	76.6958

注：括号内为稳健标准误；***、**、* 分别表示在 1%、5%、10% 水平上显著。
资料来源：笔者利用 Stata16 软件计算。

　　为保证数字产业竞争力对企业环境、社会和治理表现分项结果的稳健性，进一步对环境、社会和治理三个维度结果的稳健性进行检验，仍然采用剔除特殊年份和替换解释变量等方法对实证结果进行稳健性检验，检验结果见表 6 - 5。表中第一列至第三列为数字产业竞争力对企业环境表现的检验结果，结果显示数字产业竞争力对企业环境表现的影响在 10% 的水平上显著为正。表中第四列至第六列为数字产业竞争力对社会表现的检验结果，结果显示数字产业竞争力对企业社会表现的影响至少在 10% 的水平上显著为正。第七列至第九列为数字产业竞争力对企业治理表现的检验结果，结果显示数字产业竞争力对企业治理表现的影响在至少在 10% 的水平上显著为正，进一步证明了核心结论的稳健性。

表6-5

分项效应的稳健性检验

自变量	环境表现			社会表现			治理表现		
	剔除2017年样本	剔除2019年样本	替换解释变量	剔除2017年样本	剔除2019年样本	替换解释变量	剔除2017年样本	剔除2019年样本	替换解释变量
$Digit_{bt}$	0.0176*** (0.0036)	0.0149*** (0.0037)	0.0013* (0.0007)	0.0087* (0.0046)	0.0092** (0.0046)	0.0008*** (0.0004)	0.0702*** (0.0105)	0.0643*** (0.0107)	0.0001* (0.0001)
控制变量	YES	YES	YES	YES	YES	YES	YES	YES	YES
时间效应	YES	YES	YES	YES	YES	YES	YES	YES	YES
个体效应	YES	YES	YES	YES	YES	YES	YES	YES	YES
_cons	-39.2433*** (5.9949)	-36.1305*** (6.2681)	-2.6311 (2.2281)	-79.9612*** (7.6375)	-78.5295*** (7.8845)	-1.3268 (1.0716)	-182.7293*** (17.3265)	-185.3905*** (18.2260)	2.8232*** (0.2114)
r^2	0.6681	0.6608	0.6755	0.8269	0.8305	0.6399	0.8286	0.8282	0.9515
N	1324	1295	322	1324	1295	468	1324	1295	475
F	24.1689	21.9569	2.7957	36.1903	34.5738	6.1195	60.3702	61.1988	300.5401

注：括号内为稳健标准误；***、**、*分别表示在1%、5%、10%水平上显著。
资料来源：笔者利用Stata16软件计算。

三、工具变量检验

在没有考虑内生性的情况下，实证结果将是有偏的和非一致的，这里的内生性主要体现在联立性、遗漏变量及测量误差方面。为有效解决上述三个问题，证明结论的有效性，进一步使用工具变量进行检验。关于数字产业竞争力工具变量的选取，主要基于两个角度，一是选取数字产业竞争力滞后一期作为工具变量，二是寻找外部工具变量。在构建数字产业竞争力外部工具变量时，参考卢贝尔（Lewbel，1997）和党琳等（2021）的综合份额移动工具变量法进行构建。具体步骤如下：（1）计算样本企业数字产业竞争力的增长率，即数字行业类上市公司的数字产业竞争力均值的年增长率；（2）计算每家企业初始份额构成，即 A 企业所属行业内其他企业上一年度的数字产业竞争力均值；（3）计算每家企业的年度数字产业竞争力模拟增值，即数字产业竞争力增长率与企业初始份额的乘积；（4）参考卢贝尔的方法，将企业年度数字产业竞争力指数与数字产业竞争力模拟增值离差的三次方作为数字产业竞争力的工具变量。使用两阶段最小二乘法进行内生性检验（见表 6-6）。表中第一列和第二列为滞后一期工具变量的检验结果，结果显示，数字产业竞争力滞后一期对企业 ESG 表现的影响仍然显著为正。表中第三列和第四列为外部工具变量检验结果，外部工具变量检验结果显示，数字产业竞争力和企业 ESG 表现之间仍存在显著的正相关关系，这说明核心结论稳健。

表 6-6　　　　　　　　　　　工具变量检验结果

自变量	滞后期工具变量		外部工具变量	
	未纳入控制变量	纳入控制变量	未纳入控制变量	纳入控制变量
$Digit_{bt}$	0.0887 *** (0.0073)	0.0452 *** (0.0091)	0.1181 *** (0.0238)	0.4239 *** (0.1136)
控制变量	NO	YES	NO	YES
时间效应	YES	YES	YES	YES
个体效应	YES	YES	YES	YES
_cons	2.9806 *** (0.3668)	-72.7877 *** (9.2520)	5.5835 *** (1.0612)	42.8918 (41.8986)
r^2	0.0765	0.3905	0.0603	0.0128

续表

自变量	滞后期工具变量		外部工具变量	
	未纳入控制变量	纳入控制变量	未纳入控制变量	纳入控制变量
N	1375	1316	1152	1097
F	21. 30	14. 30	18. 86	1. 94

注：括号内为稳健标准误；***、**、*分别表示在1%、5%、10%水平上显著。
资料来源：笔者利用 Stata16 软件计算。

第四节　数字产业竞争力对企业 ESG 表现的异质性分析

考虑到基于全样本回归可能会掩盖由企业产权属性和区域位置差异导致的异质性，参考方先明和胡丁（2024）的研究方法，对数字产业竞争力与企业 ESG 表现的异质性影响进行进一步分析。主要从两个方面进行考察，一方面根据企业产权属性将样本企业划分为国有企业和非国有企业，另一方面根据区域地理位置，将样本企业划分为东部企业、中部企业和西部企业。检验结果见表 6 – 7。

表 6 –7　　　　　　　　　　　　　　异质性分析

自变量	全样本	国有企业	非国有企业	东部	中部	西部
$Digit_{bt}$	0. 0060 * (0. 0032)	0. 0019 *** (0. 0001)	− 0. 0021 *** (0. 0001)	0. 0076 ** (0. 0035)	0. 0017 (0. 0032)	− 0. 0589 *** (0. 0120)
控制变量	YES	YES	YES	YES	YES	YES
时间效应	YES	YES	YES	YES	YES	YES
个体效应	YES	YES	YES	YES	YES	YES
_cons	− 57. 7808 *** (5. 9284)	− 50. 8196 *** (5. 5554)	− 50. 6785 *** (5. 5327)	− 63. 4374 *** (6. 7565)	− 1. 6636 (6. 5475)	− 58. 2995 *** (14. 1374)
r^2	0. 9219	0. 9317	0. 9322	0. 9190	0. 9959	0. 9127
N	1487	946	541	1279	103	105
F	158. 4650	190. 6038	192. 6670	138. 2206	51. 7966	14. 5038

注：括号内为稳健标准误；***、**、*分别表示在1%、5%、10%水平上显著。
资料来源：笔者利用 Stata16 软件计算。

　　表 6 - 7 中第一列为全样本下数字产业竞争力对企业 ESG 表现的影响，第二列为国有企业样本下数字产业竞争力对企业 ESG 表现的影响，影响结果表明，国有企业样本下，数字产业竞争力对企业 ESG 表现的影响在 1% 的水平上显著为正。第三列为非国有企业样本下数字产业竞争力对企业 ESG 表现的影响，结果显示，非国有企业样本下，数字产业竞争力对企业 ESG 表现的影响在 1% 的水平上显著为负。国有企业在绿色低碳发展和社会责任履行等方面扮演着排头兵角色，绿色低碳发展、社会责任履行等相关政策的颁布会在国有企业中得到较好的贯彻落实，无论数字产业竞争力如何，国有企业都会更多地参与环境问题治理及社会责任履行，在 ESG 表现上相对较好。此外，政府的政策支持和资源配置使得国有企业能够更有效地实施环保措施和社会项目。而民营企业相较国有企业在资源、技术等方面并不存在优势，可能会因为自身发展不足限制其社会责任的履行，当企业、政府和社会等信息交流日益透明化，社会责任意识不断增强且消费者偏好不断变化时，会有越来越多的民营企业开始重视 ESG 表现，以提升品牌形象和市场竞争力。

　　第四列至第六列为区域位置差异的异质性表现，东部地区企业数字产业竞争力对 ESG 表现的影响在 5% 的水平上显著为正，中部地区企业数字产业竞争力对 ESG 表现的影响并不显著，而西部地区企业数字产业竞争力对 ESG 表现的影响在 1% 的水平上显著为负。出现这种现象的原因可能在于，不同地区的政策环境和监管力度差异显著。在发达地区，政府对企业的环境保护和社会责任要求较高，企业在这些地区往往面临更严格的 ESG 标准，促使企业积极采取措施，提升其环境和社会表现，以满足法规要求和公众期望。而在欠发达地区，企业在社会责任方面的投入也可能相对较少。地理区位也会影响企业的资源获取和合作机会。东部地区企业可能更容易获得可持续发展的资源和技术支持，从而提升其环境表现，而中部地区和西部地区企业获取资源和技术支持相对较难，数字产业竞争力提升方式相对东部地区来说较为粗放，反倒不利于企业 ESG 表现。

第七章 中国数字产业竞争力
提升的影响因素

随着全球信息技术的迅猛发展，数字产业已成为推动经济增长和社会进步的重要引擎，它不仅影响传统产业的转型升级，还为新兴经济体带来了前所未有的发展机遇。中国作为世界第二大经济体，高度重视数字经济的发展，制定了一系列政策和战略规划，提供资金支持和技术指导，加大对数字基础设施建设的投入，中国数字产业竞争力不断提升，在全球范围内展现出强大的活力与潜力。但全球数字产业竞争力仍呈现出"一超多强"的格局，中国数字产业竞争力在全球处于第二梯度，与美国等经济体还存在一定差距。造成这种差距的原因是多方面的，这些因素对中国数字产业竞争力有着不同的影响，本章将对中国数字产业竞争力的影响因素进行具体分析。

第一节　数字产业竞争力提升的影响因素理论分析

数字产业竞争力是在数字化和信息化发展背景下，产业在市场中取得相对优势的能力。迈克尔·波特（1985）提出的竞争优势理论为理解数字产业竞争力提供了框架，信息技术的有效应用可以促进产品差异化、降低成本、提高市场份额。而在数字产业中，竞争力的构建不仅依赖传统的资源配置和创新能力，还与技术的应用、人才的积累及政策环境等多重因素密切相关（Baskar et al.，2020）。作为衡量一个产业在全球市场中能否成功的重要指标，数字产业竞争力提升的影响因素引起了学界的广泛关注。

数字产业作为经济转型的重要引擎，依赖市场环境的动态变化来持续创新和发展。市场环境通常可分为宏观环境和微观环境，宏观环境包括经济、社会、技术及政策等因素，微观环境则涉及行业竞争结构、顾客需求及供应链管理等方面。市场需求的变化直接影响企业的战略布局，随着消费者对数字化产品和服务需求的不断增长，企业需快速响应市场变化以提升竞争力（Kumar and Gupta，2021）。此外，市场结构和竞争态势也是影响数字产业竞争力的重要依据，垄断性市场和完全竞争市场下企业的竞争策略截然不同，垄断性市场更注重保持市场控制力，完全竞争市场则需依靠创新和成本控制来赢得市场（Aghion et al.，2005）。

　　研发投入作为驱动技术创新、提升产品质量的重要因素，已成为提升国家和企业在数字产业中竞争力的重要驱动力。研发投入包括企业内部研发、外部研发和公共研发，企业内部研发是最直接的研发形式，外部研发则强调企业与外部机构（如高校、研究院所）之间的合作，这种形式有助于知识的共享与流动。众多学者围绕这一主题展开了深入的研究，主要分为以下两个方面。一方面研究研发投入对产业竞争力的直接影响。有学者认为跨区域的研发投入能够提升资源的使用效率，产生明显的溢出红利（邵汉华和钟琪，2018），对产业竞争力产生显著的正向影响（Braunerhjelm et al.，2020），也有学者认为研发投入也可能造成拥挤，大幅降低研发要素的使用效率，不利于产业竞争力的提升。另一方面分析研发投入对产业竞争力提升的间接影响。关于研发投入对产业竞争力提升的间接影响，主要体现在技术创新、技术积累与知识转移、行业内竞争等渠道。洛佩斯—穆尼奥斯等（López-Muñoz et al.，2020）指出，研发投入能够显著提高企业的技术创新率，这种技术创新直接关系到市场份额的增加及品牌价值的提升。蒂斯（Teece，1998）发现研发投入可促进技术积累与知识转移。施密特和加特曼（Schmidt and Gathmann，2019）强调，研发经费的有效利用能够缩短技术开发周期，提高企业对市场变化的响应速度，进而增强竞争优势。

　　资本深化通过增加生产能力来提升产业竞争力。根据施密茨（Schmitz，2005）的研究，企业在物质资本上的投资，尤其是高科技设备和生产自动化，能够显著提高生产效率，进而增强企业的市场竞争力。充足的资本可支持企业扩大生产规模，企业在采购原材料、销售产品等方面更具议价能力，从而在价格竞争中占据优势，降低单位产品的生产成本。资本深化还为研发活动提供了资金支持，企业能够投入更多资源进行新产品的开发和技术创新（徐大丰，2022），满足消费者日益变化的需求，提升市场占有率。

　　外商投资也是影响产业竞争力的重要因素。跨国公司主导的全球价值链分工对发展中国家企业采取的是"胡萝卜加大棒"的激励策略（王玉燕，2014），一方面外商投资为发展中国家企业提供技术支持，而发展中国家企业积极发挥学习效应，资本、技术积累不断增长，企业获得更大的工艺升级和产品升级空间，促使产业竞争力不断提升。当发展中国家产业竞争力发展到一定程度时，便会对价值链主导者的中心地位形成威胁，会通过技术壁垒等方式阻止这些企业实现功能和链条升级，进而使发展中国家产业被迫锁定在低附加值低端环节（Humphrey and Schmitz, 2010），从而阻碍产业竞争力的提升。

产业竞争力不仅局限于经济体内部，还体现在国际市场的占有力方面，对外开放为经济体国际市场占有力的提升提供了机会，通过大力发展和不断加强对外经济技术交流，积极参与国际交换和国际市场竞争，提升要素效率的同时享受发达经济体的溢出红利（刘殿国和张又嘉，2024）。此外，地区经济发展水平也是影响产业竞争力提升的重要因素。

综上所述，影响数字产业竞争力的因素是多方面的，既有内部因素也有外部因素。内部因素主要包括资本深化（耿晔强和白力芳，2019）、研发投入（盛斌和景光正，2019）和经济开放度（田毕飞和陈紫若，2017）；外部因素主要包括市场环境（戴魁早和刘友金，2013）、外商投资（张二震和戴翔，2018）和地区经济发展水平等。

第二节　模型设定、变量测算与数据说明

一、模型设定

在充分考虑前人研究成果和理论分析的基础上，结合数字产业发展现实，构建计量模型如下：

$$\text{digit}_{it} = \lambda_0 + \lambda_1 \text{mark}_{it} + \lambda_2 \text{lnrd}_{it} + \lambda_3 \text{capit}_{it} + \lambda_4 \text{lnfdi}_{it}$$
$$+ \lambda_5 \text{lnpgdp}_{it} + \lambda_6 \text{open}_{it} + \eta_i + \mu_t + \varepsilon_{it} \qquad (7-1)$$

其中，digit_{it} 表示 i 国（地区）t 时期的数字产业竞争力，mark_{it} 为 i 国（地区）t 时期的市场环境，lnrd_{it} 为 i 国（地区）t 时期的研发经费投入，capit_{it} 为 i 国（地区）t 时期的资本深化，lnfdi_{it} 为 i 国（地区）t 时期的外商投资规模，lnpgdp_{it} 为 i 国（地区）t 时期的经济发展水平，open_{it} 为 i 国（地区）t 时期的经济开放度。η_i 表示个体效应，μ_t 为时间效应，ε_{it} 为随机误差项。

二、变量测算与数据说明

（一）变量测算

由于前文已经对变量数字产业竞争力（$digit_{it}$）进行测算，本章将不再重复阐述，其他变量测算如下。

1. 市场环境（$mark_{it}$）

市场环境恶化将导致制度成本（Acs and Szerb，2007）、交易成本（Beck et al.，2008）和科研转化过程中的交易损耗（陈刚，2015），而好的市场环境能够维护市场秩序，弥补市场失灵，畅通国民经济循环，激发全社会内生动力和创新活力（张菀洺等，2024），进而促进产业竞争力的提升。樊纲等（2011）构建了包括政府与市场的关系、非国有经济的发展、产品市场的发育程度、要素市场的发育程度、市场中介组织发育和法律制度环境的市场化指数，可以很好地刻画中国市场化改革带来的市场环境改变，该指数被广泛应用于研究中国的市场化改革进程或市场环境（叶祥松和刘敬，2020）。基于此，采用市场化指数作为市场环境的代理变量，以衡量各省（市）市场化发展水平。

2. 研发经费投入（$lnrd_{it}$）

研发投入是企业为开发新产品或新技术而投入的有关费用或支出，是企业进行原始创新的重要资源，反映了企业识别、吸收、开发、探索、转化和获取外部知识的整体能力（董文婷等，2024），能够帮助企业获得竞争优势。产业研发经费投入的增加可以推动前沿技术的研究与开发（彭华涛等，2024），提升生产效率和资源利用效率，在促进竞争力产品产出的同时进一步增强盈利能力，提升产品附加值和利润。采用研发经费的对数值对研发经费投入进行衡量。

3. 资本深化（$capit_{it}$）

根据新古典增长理论，资本积累是实现经济增长的关键。中国经济发展面临着要素禀赋结构的显著变化，劳动力成本明显上升，资本要素优势日渐突出，要素禀赋结构的变化促使企业重新进行资源要素配置，资本和劳动的配置发生明显变化，逐步形成资本替代劳动的趋势（郑明贵等，2022），即资本深化。关于资本深化对产业发展的影响，学界的观点并不一致，有学者认为资本深化可以促进生产技术的进步，有利于产业生产率的提升（Glover，2022），也有学者认为资本深化是有待"新动能"突破的"常规动能",是与高质量发展不相适宜的增长模式（朱钟棣和李小平,2005）,也有学者认为不同性质的资本深化,其作用也不尽相同（Zhang,2020）。采用资本—劳动比对资本深化进行衡量,进一步论证资本深化对数字产业竞争力的影响。

4. 外商投资规模（$lnfdi_{it}$）

外商投资对产业发展的影响一直是学界高度关注的问题,但研究结论并不一致。部分学者认为外商投资能够促进东道国产业升级（Staritz et al.,2012）,但存在"天花板效应"（张鹏杨和唐宜红,2018）;也有学者认为东道国缺乏技术吸收能力,先进国家的技术扩散并不能被完全吸收,外商投资对东道国的影响还有待商榷（Cohen and Levinthal,1989）。外商投资对东道国存在技术溢出,但这种溢出能在多大程度上被东道国吸收,还取决于该国的学习效应,因此,研究对象的不一致可能是造成研究结论存在差异的重要原因之一（戴翔等,2017）。外商投资是否能够促进东道国的发展仍存在争论。以外商直接投资的对数值作为外商投资的代理变量,进一步研究外商投资对中国数字产业竞争力的影响。

5. 经济发展水平（$lnpgdp_{it}$）

经济发展水平较高的地区通常拥有强大的经济实力和资源投入能力,这为产业发展提供了充足的资金支持,无论是基础设施建设还是科技创新投入。同时,经济发展水平越高的地区通常能吸引更多的国内外投资,良好的经济发展态势和投资环境使得大量资金、先进技术和管理经验流入各产业,有助于提升产业的整体实力和竞争力。经济发展水平高的地区有更多的资金用于教育和科研,为产业提供智力支持,提升产业的技术水平和创新能力。

6. 经济开放度（$open_{it}$）

衡量产业竞争力的一个重要指标为国际市场占有率。一般而言,国际市场占有率越高,产业的国际竞争优势越明显。经济开放程度与经济体的产业国际竞争力息息相关,以地区出口总额占地区生产总值的比例作为经济开放度的代理变量,对经济开放度和数字产业竞争力之间的关系进行分析。

（二）数据说明

由于西藏自治区、宁夏回族自治区、青海省、港澳台地区的数据缺失严重,故以 2012 ~ 2022 年中国 28 个省级行政区为研究对象,对数字产业竞争力的影响因素进行研究分析。加之 2017 年和 2018 年《中国工业统计年鉴》数据缺失,对数字产品制造业的统计数据缺乏,所以本章所使用的数据并不包含

2017 年和 2018 年。本书使用的相关数据主要来源于前文的指标测算及中经网数据库。对部分变量取自然对数处理，与价格相关的变量统一折算为 2000 年不变价格。

第三节　数字产业竞争力影响因素的实证分析

本书对中国数字产业竞争力的影响因素进行回归分析，以各省（市）为样本的固定效应模型回归结果见表 7-1。表中第一列为纳入市场环境因素时的结果，结果显示，市场环境与数字产业竞争力在 1% 的水平上显著为正，这表明市场环境与数字产业竞争力之间存在显著的正相关关系，即市场环境越优

表 7-1　　　　　　　　　　　数字产业竞争力影响因素的基准回归

自变量	因变量					
$mark_{it}$	2. 8069 *** （0. 4337）	2. 1772 *** （0. 4403）	2. 0567 *** （0. 4247）	1. 8369 *** （0. 4312）	1. 8097 *** （0. 4280）	1. 7594 *** （0. 4264）
$lnrd_{it}$	—	5. 5781 *** （1. 2693）	4. 6496 *** （1. 2410）	5. 2514 *** （1. 2561）	3. 0945 * （1. 6223）	3. 3086 ** （1. 6168）
$capit_{it}$	—	—	0. 0206 *** （0. 0048）	0. 0198 *** （0. 0048）	0. 0201 *** （0. 0048）	0. 0207 *** （0. 0048）
$lnfdi_{it}$	—	—	—	- 0. 9938 ** （0. 4313）	- 0. 9491 ** （0. 4285）	- 1. 0890 ** （0. 4325）
$lnpgdp_{it}$	—	—	—	—	9. 5204 ** （4. 5836）	8. 2736 * （4. 6051）
$open_{it}$	—	—	—	—	—	0. 0007 * （0. 0004）
_cons	33. 0111 *** （3. 2802）	- 43. 6479 ** （17. 7263）	- 30. 7460 * （17. 3280）	- 26. 9721 （17. 2333）	- 96. 2065 ** （37. 4630）	- 86. 1440 ** （37. 6293）
r^2	0. 5810	0. 6156	0. 6457	0. 6543	0. 6613	0. 6668
N	252	252	252	252	252	252
F	33. 1196	34. 2775	35. 2846	33. 4412	31. 6832	30. 0188

注：括号内为稳健标准误；***、**、*分别表示在 1%、5%、10% 水平上显著。
资料来源：笔者利用 Stata16 软件计算。

化，越有利于数字产业竞争力的提升。市场环境优化可以理解为通过政策调整、产业支持和市场机制的改善，创造一个更加开放、透明和公平的营商环境。这一过程涉及加强市场监管、降低市场准入门槛、推动技术创新等多方面的改革。优化市场环境有助于降低企业运营成本，提高资源配置效率，从而增强数字产业的整体竞争力。此外，数字产业特有的创新驱动特性也使得市场环境的优化尤为重要。在一个充满竞争的市场中，企业不仅需要具备良好的技术能力，还需要能够敏锐地捕捉市场需求的变化并快速响应，而市场化进程的加快提供了一个更为灵活的机制，促使企业在技术研发和商业模式创新方面争相突破，数字产业能够以更快的速度推出新产品、新服务，从而带来产业更迭（刘俊哲，2024），在竞争中占据有利位置。

　　表7－1中第二列为纳入研发投入因素的结果，从表中可以看出，研发投入和数字产业竞争力在1%的水平上显著为正，即研发投入越大越有利于数字产业竞争力的提升。增强产业竞争力是各产业的主要发展目标之一，而研发投入不仅是提升产品和服务质量的手段，更是产业在市场中占据竞争优势的关键所在。随着中国数量型人口红利的逐渐衰退，经济发展已经进入"量的合理增长"区间，越来越多的企业意识到研发的重要性。一方面，研发投入可以促进技术创新，技术进步是企业保持竞争力的核心驱动力，研发投入能够加速新技术的开发与应用，这不仅可以改善现有产品的性能，满足消费者的个性化需求，还能为企业创造新的市场机会，催生新的商业模式。另一方面，在数字产业特有的快速变革环境中，企业的适应能力和创新能力显得尤为重要。通过持续的研发投入，企业不仅能在技术层面保持领先，还能提升员工的技能水平和创造力，帮助企业建立自己的知识产权体系，增强企业的长期竞争力（雷光勇等，2012），在激烈的市场竞争中夺取先机。

　　在考虑市场环境和研发投入影响的基础上，进一步纳入资本深化因素，对资本深化和数字产业竞争力之间的关系进行研究，结果见表7－1第三列。从表中数据可以看出，资本深化与数字产业竞争力在1%的水平上显著为正，即资本深化有利于促进数字产业竞争力的提升。近年来，中国资本市场持续发挥风险共担、利益共享机制的作用，引导更多资本投向数字产业化领域（杨成长等，2022），为数字经济企业提供长期资金支持，极大地满足了数字企业的融资需求，在培育数字科技企业和推进技术创新方面发挥了重要作用。资本深化为中国数字产业提供融资需求，在电子元器件、人工智能等方面形成了全球领先的产业服务体系，极大地促进了数字产业的发展和效能的提升。

　　外商直接投资与数字产业竞争力之间也存在显著的关系，回归结果显示外商直接投资与中国数字产业竞争力在5%的水平上显著为负。虽然外商直接投资在促进技术进步方面的潜力被广泛认可，外商投资被视为技术转移、资本注入和管理经验的引入，促进了本国数字产业的快速发展。然而，外商直接投资可能通过并购或竞争策略挤压本土企业的生存空间，导致本土企业面临竞争压力、市场份额被侵蚀以及自主创新能力被削弱的情况，从而不利于数字产业竞争力的提升（Kogut and Zander，1992）。外资的参与可能导致资源、技术和信息的不对称流动，限制了本土企业获取先进技术和市场信息的能力，也降低了其参与全球竞争的可能性（Gereffi，1994）。

表7-1中第五列为纳入地区经济发展水平因素的实证结果，表中结果显示，经济发展水平与数字产业竞争力在5%的水平上显著为正，即经济发展水平越高越有利于数字产业竞争力的提升。高水平的经济发展为数字产业提供了更加丰富的资源和支持，包括充足的投资、完善的基础设施以及高素质的人力资源。这些因素共同促进了技术创新和产业升级，进一步增强了数字产业的竞争力。在经济发展水平较高的地区，企业能够获得更多的资金用于研发和技术应用，推动数字技术的普及与应用。同时，政府政策在高经济发展水平下往往更加倾向于支持数字经济，通过税收减免、创新激励和产业补贴等措施来激发企业活力，从而提升整体产业的竞争力。相比之下，低经济发展水平地区则往往面临资金短缺、技术滞后及人才流失等问题，制约了数字产业的成长。这种差距不仅体现在数字基础设施建设上，也影响了企业的市场拓展能力和创新动力。

进一步纳入经济开放度，我们发现经济开放度和数字产业竞争力在10%的水平上显著为正，即经济开放度促进了经济体数字产业竞争力的提升。一方面，经济开放能够促进国内企业接触外部市场，获取先进的技术和管理经验，从而激发创新能力并提升产品与服务的数字化水平；另一方面，出口开放带来了更多的竞争压力。在与国际同行的竞争中，企业不得不改进技术、优化管理、提高效率。这种竞争促使数字产业加快升级换代的步伐，推动产业结构的优化调整，增强自身的核心竞争力。

第八章　数字产业竞争力提升的国内外经验借鉴

以人工智能、物联网、云计算、大数据等信息技术为引领的新一代科技浪潮开辟出数字经济新纪元，异军突起的数字经济正全方位、多领域地渗入社会发展的多个环节，成为重新配置要素资源、重塑经济结构、推动全球竞争格局发生深刻变革的核心驱动力。

第一节　国内数字产业竞争力提升的相关案例和举措

一、阿里云：以技术创造新商业价值

随着互联网的普及，搜索引擎、电子商务、人工智能系统等应用逐渐大规模化，美国以 IBM、亚马逊、微软等科技巨头引导的算力革命开始席卷西方国家，衍生出一批云计算企业，如亚马逊云、谷歌云、甲骨文等。云计算作为大数据处理平台，具有巨大的计算能力、网络通信能力和存储能力，其资源能够快速提取并与服务供应商交互，以灵活、按需分配资源为特点，实现效率最大化。更重要的是，云计算作为一个承上启下的中间层，无论是上游的资源、芯片，还是下游的 AI 应用，都对科技产业链有巨大的推动作用。中国的算力革命以阿里云自研的云计算操作系统"飞天"为开端，已经陆续为企业、政府和非营利组织提供技术解决方案。阿里云的出现不只给企业提供产业变革的数字化思路，也让中国云计算有了突破重围的实力。

（一）云端创新，提升极氪汽车用户出行体验①

数字产业赋能传统工业是新型工业化道路的必然趋势。互联网创新正逐步

---

① 极氪汽车 App 全面升级云原生技术架构［EB/OL］. 阿里云，https：//www.aliyun.com/customer-stories/automotive-2022-zeekr.

从消费领域拓展至生产领域，并从虚拟经济向实体经济延伸，在这一进程中，消费端与生产端通过数字技术和云计算紧密相连，帮助传统制造业企业锚定价值方向，延展价值空间，衍生出新服务业态，实现敏捷式价值共创、赋能式价值共创以及开放式价值共创。

汽车制造不仅局限于产品技术性能的提升，交互式服务体验也成为产品竞争中不可或缺的关键要素。极氪汽车通过极氪应用程序（Application，App）连接用户，推出包含社区互动、充电补能、车联车控、订阅出行、认证服务、精品极物商场、整车订单、售后服务商城等多元创新举措，实现产品的全生命周期管理以及用户旅程的全场景覆盖。但随着极氪汽车销售业务的蓬勃发展，极氪 App 的注册用户基数及每日活跃用户数均显著增长，用户对多样化业务场景和新兴功能的需求不断扩大，但受限于原有的系统架构，业务连续性、版本发布频次、技术架构迭代等问题日益突出，严重影响用户的使用体验。

阿里云以"平台＋服务"助力原生型集群转型升级，以行业云建立优势型集群的数字化底座，以智算平台构筑领军型集群产业创新生态。为解决业务连续性的问题，阿里云为极氪 App 打造并部署了金丝雀发布方案，该方案的核心在于部署灰度版本，并通过预设的精细流量比例在灰度环境中进行严格的验证，一旦验证结果达到预期，新版本便会无缝推送至生产环境，并顺利完成流量切换，从而精准满足极氪对于小版本在日间灵活发布的迫切需求。同时，针对极氪核心业务链路中多个微服务需要同步升级的复杂场景，阿里云创新性地引入了微服务引擎（Microservices Engine，MSE）与流量灰度打标技术，实现了全链路灰度的灵活部署，这一解决方案不仅全面覆盖了内容分发网络、网关、消息队列、配置中心以及数据库等多个至关重要的灰度场景，而且不需要对业务代码进行改动，提升了便捷性。此外，通过对云效流水线的全面优化与改造，极氪的核心业务自动化发布能力得到了显著提升，部署效率也随之达到前所未有的高度。

应对原 App 构架下容量不足的问题，阿里云根据数据结构的不同进行水平拆分。在底层存储架构上，采取多样化的存储引擎，关系型数据主要以关系型数据库管理系统（MySQL）和云原生分布式数据库（PolarDB-X）为主，例如，采用 PolarDB-X 产品将积分库、用户库等大量核心业务库逐个剥离，通过对大表水平拆分解决单表过大问题，提高数据库层面水平弹性扩容能力。而对于非关系型数据，为了保证实现数据的快速随机访问和实时读写操作，将数据存储于哈希库（HBase）和蒙戈数据库（MongoDB）上。极氪 App 内嵌了较多阿里云产品，随着业务快速发展，原技术架构整体设计缺陷逐步显现，为减少不必要的链路消耗及不同产品的维护成本，提高消费者端业务系统的稳定性和敏捷性，阿里云提出了云原生产品优化方案，包含容器服务（Alibaba Cloud Container Service for Kubernetes，ACK）集群版本升级、云原生网关替换、操作系统升级等。

阿里云赋能极氪汽车这一系列创新举措，不仅极大增强了极氪应对市场快速变化的能力，更为其持续稳健的发展奠定了坚实的基础，助力极氪在未来的市场竞争中脱颖而出。

（二）技术革新，助力人民日报内容提质增效[①]

人民日报社作为中共中央直属的权威新闻机构，不仅在全球范围内拥有广泛的新闻信息采集和发行网络，而且在技术创新方面持续引领潮流，其开发的《人民日报》客户端已成为移动互联网上的主流新闻门户，拥有深厚的用户基础。通过与阿里云的合作，人民日报社成功构建了基于互联网和云计算技术的媒体传播新平台，并积极推动技术与内容的深度融合。人民日报社与阿里云共同打造的"人民日报 AI 智能编辑部"近年来不断升级，借助大数据和人工智能技术赋能全媒体采编生产，在"看""悟""审"三方面的能力显著提升，实现了对海量新闻素材的高效处理。

首先，"看"。直播现场，记者编辑仅需一键连接云上的非编高性能服务器，即可实现远程高算力支持下的流畅精编，视频的各项相关信息可实时提取，人物识别、语音识别、字幕识别同步运作，分析处理一目了然。与此同时，可根据需要节选视频段落并展开进一步的二次创作与精细加工，实现一边直播一边处理，直播还未结束，需要的视频新闻已经剪辑加工完成，提升新闻生产的高效性与灵活性。其次，"悟"。为助力编辑记者更加精确且迅速地定位全媒体素材，多模搜索功能巧妙融合了人脸识别、物体识别、语音识别、自然语言处理、光学字符（Optical Character Recognition，OCR）识别等尖端算法技术，共同赋予人工智能更为卓越的"理解力"与"归纳力"。在这一强大能力的支撑下，新闻素材的语义理解与归纳得以深化，为用户提供多样化的智能搜索场景，包括智能文本搜索、图片搜索、视频搜索、多语言搜索以及语义搜索等，全方位提高编辑记者在处理新闻素材时的效率，加速新闻生产的进程。最后，"审"。《人民日报》作为党中央机关报，需要确保发布内容的安全和事

---

① 人民日报．技术驱动的智慧媒体转型升级［EB/OL］．阿里云，https://www.aliyun.com/customer-stories/culture-2023-people-daily.

实准确。智能审核功能依托大数据平台和成熟的人工智能算法，可精准识别视频、图片中的各类要素和场景，并为后续人工核验提供参考，大幅降低人工审核的成本和时间，有效规避审核疏漏。

"人民日报 AI 智能编辑部"融合阿里云在人工智能、云计算、大数据方面的技术，不仅顺应了重大报道移动化、视频化、智能化的发展趋势，还增加了人工智能赋能报社全媒体生产的应用场景，为新闻生产力的提升注入了新的动力。

（三）云上转播，提升巴黎奥运赛事观看体验①

阿里云通过技术服务奥运会，使观看体验不断升级，推动奥运转播技术与系统数字化持续迭代与发展。2018 年，阿里云与奥林匹克广播服务公司（Olympic Broadcasting Services，OBS）合作开发了奥林匹克转播云（OBS Cloud），直到 2021 年东京奥运会才全面应用云上转播。云上转播具有低时延、高带宽、高弹性等特点，可更好地应对开幕式、热门赛事等流量高峰期，该方式突破了很多传统卫星转播难以实现的工作，例如剪辑、编排，甚至是字幕、翻译等内容的自动生成。另外，奥运上云可大幅降低赛事承办方在信息技术（information technology，IT）机房、转播中心等基础设施建设方面的人力消耗和资源消耗。

阿里云不仅为奥运赛事的转播环节提供技术支持，为进一步提升全球观众的观赛体验，其在 2022 年北京冬奥会冰壶与速度滑冰赛事中首次使用了一种基于云计算的多摄像机重播系统，可实现"子弹时间"特效及 360 度全景拍摄技术，目的是让观众身临其境，从多种角度观看比赛。该系统深度融合了机器学习与深度神经网络的智慧，依托阿里云弹性高效的云基础设施，通过边缘计算与云端的专业视频处理能力，将分布于场馆战略要地的摄像机捕捉的画面转化为细腻逼真的云端三维（Three-Dimensional，3D）模型。这一过程不仅确保了画面纹理的高品质，还使得系统能够从任意视角生成虚拟帧，并流畅地呈现复杂动作，实现了比赛场景的沉浸式与连贯性 3D 重建。

二、忽米：数字技术赋能实体产业

各行各业都在积极探索利用工业互联网等数字化技术，帮助企业精准对

---

① 巴黎奥运会. 云转播首次成为奥运直播信号分发主要方式［EB/OL］. 新华网，https：//www.news. cn/20240726/a388bda3ebb14058a32827f269c35eef/c. html.

接客户，提升企业管理能力和决策能力及市场竞争力，从而推动整个制造业的复苏。由此可见，中国在制造业转型升级进程中始终关注工业互联网发展主题，凸显制造强国战略下工业互联网的重要地位。重庆忽米网络科技有限公司作为中西部地区首个跨行业、跨领域的工业互联网平台，致力于为中国制造业提供数字化平台及解决方案。通过对人、机、物、系统的全面连接，构建起覆盖全产业链、全价值链的全新制造和服务体系，为工业乃至产业数字化转型提供了关键路径，有力地促进了实体经济提质、增效、降本、绿色、安全发展。

（一）助力重庆市綦江区齿轮行业数字化转型

对于大量后发制造企业而言，在制造基础能力不足、关键核心技术缺失的情况下，难以依托自身产品进行服务延伸。因此，实施跨越式服务化成为这些企业创新追赶的现实选择。忽米科技打造了綦江工业互联网齿轮行业标识解析二级节点平台，此平台的建设有助于提升綦江区齿轮行业在全国的竞争力，推动齿轮行业数字化升级，通过工业经济全要素链、全产业链、全价值链的全面连接，支撑綦江区制造业数字化转型，实现綦江区"中国西部齿轮城"产业发展新生态。

綦江工业互联网齿轮行业标识解析二级节点平台构建了"标识＋交易＋数据"三位一体的企业数字化转型赋能模型。构建运营齿轮行业标识解析二级节点平台，为产业、园区赋能，树立行业标杆，建设行业规则；构建运营交易服务平台快速建立渠道信任，降低企业交易成本，使交易更方便快捷，活跃区域经济，形成产业发展新格局；构建运营行业大数据平台，优化綦江区产业监测、产业预估与产业分析能力，推动全国齿轮产业向綦江标准集聚。

（二）构建宗申动力汽摩"产业大脑"

忽米科技通过与宗申集团合作，以工业互联网平台为底座，汇聚多维度集成企业数据、上下游供应链数据和产业链数据，是为产业升级优化提供决策支撑的汽摩"产业大脑"。宗申发动机螺丝扭力不平衡一直是生产中的痛点，借助忽米科技提供的数字孪生服务，将采集的发动机参数与螺丝参数结合，借助后台算法匹配最佳扭矩，再将扭矩数据推送到生产线上的机械臂。机械臂调整装备，达到合适的扭矩，误差率仅有 0.01 毫米。依托忽米科技的标识解析平台打造智慧工厂，每个零部件、每台发动机、产线的每个环节都打上了标识码，综合数据通过数据智能平台处理，实时映射到数字孪生管理仓，实现了智能生产实时监管，产品合格率达 99.3% ,① 为企业生产管理、工厂教培实训提供了最佳解决方案。

"产业大脑"是对区域产业发展全面掌握、分析、研判、预警的"智慧大脑"，打破总装过程中的"信息孤岛"状态，也是为企业制定发展决策的"最强大脑"。"产业大脑"包含三个维度：在政府端，可掌握产业动态，便于制定更精准的产业扶持政策；在产业端，可打通产业链资源循环，促进物流、金融、人才等要素共享协同；在企业端，可降低数字化建设成本，将一批"小、轻、快、准"应用集中在产业大脑上，方便中小企业进行低成本使用。忽米科技建成的汽摩"产业大脑"，截至 2024 年 4 月已链接 330 多家上下游关联企业，通过应用汽摩行业的产业大脑，形成有力带动，实现政府端、企业端、行业端互通，让整个产业链效率提升 17% ，供应链能耗降低 14% ，配套企业生产率提高 20% 。②

第二节　国外数字产业竞争力提升的相关案例和举措

一、ChatGPT：一次新的科技革命

人工智能是新一代信息技术的代表，被发达国家视为提升核心竞争力的战略性产业。欧美等发达国家在人工智能技术研发、商业开发方面飞速发展，成效逐渐显现。小到日常身处其中的各种算法，大到企业和国家的发展与竞争，人工智能都在发挥作用，但之前大部分专注于分析类的工作，比如像大数据分析、阿尔法围棋（AlphaGo）、人脸识别等。2022 年末，美国开放人工智能研究中心（OpenAI）推出的生成式语言模型 ChatGPT，相较以往的技术有了显著突破，以令人惊叹的智慧水平和精确度应对用户提出的复杂问题，能够依据简短的指令生成极具专业水准的文本内容。

（一）ChatGPT 的更新迭代

GPT 的初始原理基于单词接龙，即通过自回归方式生成长文本，该模型通

---

① 工业互联网新高地｜西部地区唯一"双跨平台"忽米网的成长秘诀［EB/OL］. 华龙网, https://cq. cqnews. net/html/2021-08/11/content_51693675. html.

② 加快形成新质生产力　重庆"33618"集群能级跃上新台阶［R/OL］. 华龙网, https://news. cqnews. net/1/detail/1281010754495676416/web/content_1281010754495676416. html.

过海量"语言样本"训练，具备了归纳和类比的能力。然而，由于模型内容不能通过直接修改输出进行纠正，遇到记忆混淆或错误回答时，必须经过大量重新训练来调整，这一过程重复评估结果，降低了更新的效率。随后发展的ChatGPT 经历了无监督学习、监督学习和创意引导三个阶段，从丰富的网络文本中扩充词汇和语言知识，到规范对话模式和内容，最终生成人类认可的创造性回答。这一进展使得 ChatGPT 具备了理解指令、上下文学习和思维链推理等能力。

新一轮科技革命和产业变革深入发展，人工智能已成为驱动生产力的重要引擎。随着 ChatGPT 的出现，生成式人工智能模型爆发式涌现。有关于编程方面的编程助手（GitHub Copilot）、辅助写作的诺健 AI（Notion AI）、具有人工智能搜索引擎的新必应（New Bing）等，都在重构对人工智能的认识。这些生成式人工智能工具大部分都与 OpenAI 和微软相关，主要原因是这次的底层变革的主要驱动力就是 GPT 的技术变革。《2024 年人工智能指数报告》显示，2023 年，美国是顶级人工智能大模型的主要来源国，62 个著名的人工智能大模型均来自美国相关机构，私人投资总额达到 672 亿美元，几乎是中国的9 倍。①

（二）GPT-4 对产业的颠覆性技术革新

ChatGPT 的出现已经对世界和全产业造成很大冲击，更新的 GPT-4 对于科技变革具有更为深远的影响。GPT-4 标志着人工智能产业的转折点，其智能程度显著提升，首次在 AI 领域实现了对常识障碍的跨越。GPT-4 不仅能识别图像中的各种元素，还掌握了社会规范、物理常识和化学常识，并能将这些知识融合应用。例如，GPT-4 能够正确回答关于"遇到烫手的锅应该先戴手套再拿起"的常识问题，也能理解在公共汽车上"老人给年轻人让座显得不寻常，而年轻人给老人让座则是合情合理"的社会规范。

GPT-4 在处理学术论文阅读和参加通用考试方面展现了卓越的性能。根据OpenAI 官方发布的评测结果，GPT-4 在美国高中毕业生学术能力水平考试（Scholastic Assessment Test，SAT）的数学考试中取得了 700 分的优异成绩（满分 800 分）；在 SAT 的阅读和写作部分也斩获了 710 分（满分 800 分）。在美国研究生入学考试（graduate record examination，GRE）写作测试中，GPT-4 在

① 2024 年人工智能指数报告［R］. 斯坦福大学以人为本人工智能研究所（Stanford HAI），https：//cingai. nankai. edu. cn/_upload/article/files/aa/80/add0fb7a493b986e02732c3289b1/dc9ee793-673a-4d5d-a8b8-a711cda71542. pdf.

满分六分的情况下获得了四分，而在 GRE 的语文测试中拿下 169 分的高分（满分 170 分），其表现在大多数北美学术能力测试中超过了 85% 的考生。此外，GPT-4 在执行人类工作任务的效率上也十分显著，它能够迅速识别手绘的网页草图，并在短短 10 秒内完成网站代码的生成，简单部署后即可上线网页。这一过程需要产品经理、用户界面设计师和前端工程师三人团队耗时三天完成。[①]

现阶段发布的 GPT-4 是一个 100 万亿参数的模型，也是人类历史上 AI 模型第一次和大脑神经元的连接数达到同一个数量级。从脑科学的角度，100 万亿这个数字是很重要的里程碑，标志着人工智能开始涌现出人类级别智力的开端。GPT-4 仅从文本到图片的打通，就已经对写作、编程、绘画、推理、编剧等专业产生了巨大威胁，未来的 GPT-5 可能是从文本、图片到视频全打通，GPT-6 可能会进一步打通三维立体世界，这种颠覆性技术革命对未来产业发展的作用难以预知。

（三）ChatGPT 的革命意义及应用价值

ChatGPT 的出现向人们展示了大语言模型的可行性，让人类群体可通过对语言的处理实现知识的创造、继承和应用。作为语言大模型的 ChatGPT 自然精通语言，在校对拼写、检查语法、转换句式、翻译外语等方面表现突出，同时它处理语言的速度快、工作记忆容量大、知识覆盖范围广，能够持续处理大量语言信息。ChatGPT 在减轻语言处理负担、改变人与人及人与机器的协作模式方面发挥了重要作用，能够应对医院、学校、法院、银行、出版社、研究所等机构面临的复杂且繁重的工作，如信息分类、会议总结、格式排版和进度报告等。

大语言模型可结合的场景丰富，让普通人能快捷准确地接触各行各业的知识。与搜索引擎结合，帮助用户精准寻找和筛选信息，比如 New Bing；与笔记工具结合，辅助阅读和写作，比如 Notion AI；与办公软件结合，辅助文字处理、数据分析和演示制作，比如微软模板服务（OfficePLUS）；与教育培训结合，定制个性化的学习计划和材料，充当全天家庭教师；与开发工具结合，辅助编写业务代码，调试纠错；与客服系统结合，提供 7×24 小时无负面情绪的咨询服务；与视频会议结合，多语翻译会议记录并进行总结；与评论审核结

---

① GPT-4 技术报告［R］. 美国开放人工智能研究中心（OpenAI），https：//splab. sdu. edu. cn/GPT4. pdf.

合，筛选评论、统计分析舆论并发出预警；与行业顾问结合，提供法律、医疗、健身等指导；与社交媒体结合，帮助寻找兴趣相同的用户和话题；与视频娱乐结合，个性化推荐音乐、电影、小说、动漫；与游戏剧情结合，让非玩家控制角色（non-player character，NPC）给玩家带来更灵活的对话体验。

二、英伟达：数字孪生驱动工业生产模式重构

随着企业寻求软件定义化的期望与日俱增，全球重工业正在经历一场由数字化驱动带来的深刻转型，利用数字孪生技术解锁新的效率，提升生产力和竞争力。开放标准、计算机视觉和图形以及加速计算方面的最新进展使新型数字孪生成为可能，包括实时、连接、完美同步，并具有真实物理、材料、照明、渲染和行为。数字孪生作为资产、流程或环境的物理精确虚拟副本，一旦构建完成，就会成为机器人系统的发源地和人工智能虚拟训练场，能够与现实的物理世界互动，并根据物理定律进行推荐和自主决策。英伟达提供的通用场景描述（OpenUSD）与虚拟现实和仿真平台（NVIDIA Omniverse）构建数字孪生解决方案，真正实现数据可操作性、协作性和基于物理性质的可视化。

（一）助力熙流数字实现高精度仿真和超真实渲染[①]

在制造业数字化升级趋势下，汽车行业已将工业软件作为数字化和智能化进程中的核心组成部分，以提升设计能力和制造水准。传统汽车关注的核心是发动机、变速箱和底盘，而新能源汽车在风阻系数、汽车涉水、电池散热等方面有新的软件应用场景需求，同时新能源的新车型的研发周期从过去的 5 年缩短至 18 个月，且研发成本控制变得愈加精细。可见，在新能源汽车时代下，工业软件面临全新挑战。

熙流数字科技公司作为业内领先的计算机辅助工程（computer-aided engineering，CAE）与计算流体力学（computational fluid dynamics，CFD）工业软件服务商，旗下气动咖（Aerocae）工业流体仿真平台可以帮助制造业企业实现高效、逼真、可扩展的工业流体仿真，进而大幅提高设计与研发效率。但随着制造业企业对工业软件在软件架构、计算效率、数据处理、人机交互、AI应用等方面提出更高的要求，熙流数字需要提升工业软件的计算速度、仿真效

---

① NVIDIA 助力熙流数字 Aerocae 工业级流体仿真系统实现高精度仿真和超真实渲染［EB/OL］. 英伟达，https：//blogs. nvidia. cn/blog/nvidia-helps-xiliu-digital-aerocae-industrial-grade-fluid-simulation-system-achieve-high-precision-simulation-and-hyper-realistic-rendering/.

果等性能，将性能强大的硬件与功能完备的软件相结合，实现赋能研发与制造工作流的目的。

为应对上述挑战，熙流数字采用英伟达计算平台来支持其工业平台，显著提升了工业流体仿真的三个环节（前处理、求解器和后处理）的效率和功能。例如，Aerocae 依托英伟达图形处理器（graphics processing unit，GPU）高内存且支持并行计算的优势，在处理网格生成任务上计算速度提升了约 30 倍。借助英伟达的全局光照和光线追踪技术等可以模拟光线的物理行为，进一步提升渲染结果的真实感。

随着英伟达技术的发展，工业流体仿真工作流将得到进一步迭代。Aerocae 工业流体仿真软件的全流程都是基于英伟达实时光线追踪技术（NVIDIA RTX GPU）及并行计算架构而设计，在复杂工况下的计算效率得到了大幅提升，制造业企业还可以进行方便快捷的图形处理器 GPU 算力扩展。由英伟达赋能的熙流数字致力于汽车流体应用场景的全覆盖，其自主开发的 Aerocae 工业流体仿真系统已部署在多家车企的概念验证（Proof of Concept，POC）及使用阶段，助力车企在空气动力学、气动噪声、水管理、热管理、工业数字孪生等方面的长足进步，实现了简单的操作流程、多元化的功能模块与超真实的后处理效果，不仅提高了工程师的工作效率，也有效促进了技术人员与非技术人员之间的精准沟通。

（二）重新定义台达电子生产线和工业检测①

数字技术为制造业带来产业重构机遇，跨界融合扩大了企业生产和研发活动的可行性边界，推动高频实时、全生命周期交互数字创新生态系统的形成，激发新的增长动能。台达电子（Delta Electronics）作为电源和热管理技术的全球领导者，为电动汽车、工业自动化、楼宇自动化、信息与通信技术基础设施和能源基础设施提供智能节能解决方案。台达电子为维持高产量，满足灵活生产的需要，必须进行重大的智能制造计划，以提高效率和可持续性。

台达电子利用 OpenUSD 和 NVIDIA Omniverse 平台加快生产规划流程，通过在生产线上构建高精度的数字孪生模型，运行多个"假设"仿真以确定最佳线路设计，使用合成数据来引导计算机视觉模型的训练，使台达电子能够在实际生产开始之前优化工厂流程的每个部分，从而减少生产停机时间。已实现

---

① 台达电子正在利用数字孪生和合成数据重新定义生产线和工业检测［EB/OL］. 英伟达，https：//www. nvidia. cn/case-studies/delta-electronics-industrial-innovation/.

以虚拟方式链接特定的生产线，聚合来自各种设备的 3D 数据以创建数字孪生的目的。

台达使用多个 3D 应用程序对其生产线进行建模和仿真，导致不同建模与仿真工具中的数据集成至单一环境中难以完成。这不仅涉及烦琐的数据迁移和模型的精简处理，还需克服各种互操作性的难题，即便成功聚合了数据，但若原始 3D 应用程序中的模型或流程发生任何变动，为了同步这些更新又必须重新启动整个数据聚合流程。台达借助 NVIDIA Omniverse 平台，构建了统一的资产管道，实现了异构程序与数据的无缝连接，使得建模与仿真工具中的数据得以在单一环境中可视化并协作处理整个项目输出。数字孪生汇聚全部数据后，台达可以在设计初期便运行仿真，提前识别潜在问题，大幅提前于物理生产线的变更，有效避免高昂的停机损失和频繁的变更请求。

第三节　国内外数字产业竞争力提升的经验启示

一、立足本国优势，探索数字经济禀赋的差异化发展战略

以数字化、网络化、智能化为特征的数字经济正在全球范围内加速拓展，成为重塑科技、经济和社会形态及重构国家间竞争格局的关键力量。美国围绕数字贸易和货币体系话语权展开战略布局，借助数字产业的领先优势加速产业数字化转型，进一步挖掘数字价值，助推数据资产化。欧盟更注重以数字单一市场打破国家间的信息壁垒，加强区域内部国家间数字商品、服务、资本的互联互通，推动中小企业数字化转型。可以看出，欧美在数字产业上有着明显的差异，这与该地区经济水平和技术水平较高分不开。

上述案例中，能够了解到算力、算法、数据、应用场景是支撑数字产业竞争力提升的四大要素。在算力方面，英伟达和超威半导体公司（Advanced Micro Devices, Inc., AMD）垄断优势明显。在算法、数据、应用场景方面，以人工智能为例，大模型可大致分为两类，一类是通用型模型，这些模型有明显的最优解，比如 OpenAI 开发的 ChatGPT，以及在全球细分领域领先的 GitHub Copilot、深度翻译（DeepL）、深脑（DeepMind），美国无疑在此类大模型中处于领先地位；另一类是全球不同行业不同国家的个性化大模型，比如矿业、农业、工业中的人工智能应用、基于本国国民脱氧核糖核酸（DeoxyriboNucleic Acid, DNA）数据训练的医疗大模型，以及基于本民族音乐特征训练的创作

大模型。

针对国际关键核心技术领域的竞争态势，中国也需制定差异化发展战略。首先，集中突破"卡脖子"技术难题。加速布局数字经济的底层技术，加快以 GPU 芯片为主的集成电路等"卡脖子"领域的技术研发，积极争取与欧洲、日本、韩国在数字经济的研发和应用方面展开合作。对于一些虽然相对落后但安全风险较小的技术领域，可以通过自主研发实现替代，保持适度的技术储备和替代能力。其次，继续保持领先优势。继续保持在 5G、新能源汽车等方面的优势，推动 5G、工业互联网、车联网等平台层技术的广泛应用，加快推动核心技术成为事实标准的进程，有序推进中国基础电信服务市场、电子商务等领域向欧洲及美国、日本、韩国等国家的双向开放。最后，构建非对称竞争优势。在 5G、量子计算、智能驾驶等与发达国家竞争激烈的领域，虽然中国已占据优势，但仍要警惕发达国家的挑战，确保中国技术发展不掉队，并结合我国的产业特色和技术水平，打造与发达国家不同的竞争优势。

总体来说，在数字产业的中心地带，中国与数字技术领先国家存在明显差距，而在未来与实体产业和垂直场景融合的扩展地带，差异正在变得越来越明显。中国需要借鉴国外优秀案例，依托自身优势缩小差距。

二、深化应用创新，促进数字产业与垂直应用良性互动

在英伟达和 OpenAI 的案例中不难发现，美国在关键基础材料和核心基础零部件方面的对外贸易依存度不高，其掌握数字创新技术的主导权，并把发展数字技术能力作为竞争力。美国借助其在集成电路、传感器芯片、数控系统等核心技术中的绝对优势，逐步形成了"自主创新、技术主导"的发展模式。中国在 5G 和千兆光网等数字产业领域优势明显，同时数字技术在工业、农业、服务业等应用场景中不断丰富，在智慧市政、智慧交通、智慧能源等应用领域不断细分，在人工智能、区块链、无人驾驶等产业中技术不断更新迭代。借鉴美国数字产业发展模式，利用优势领域，形成中国"关键技术、应用拓展"的发展模式。

一是紧抓中国互联网发展周期的错位优势。美国互联网产业兴起于 20世纪 90 年代，从 PC 时代发展起来的互联网巨头到现在实力依旧，比如微软、亚马逊、谷歌、元宇宙、苹果、英伟达六家公司。但中国多数互联网公司都是在移动时代才出现的，对比美国来讲，中国的互联网产业天生基因就更偏移动化，随着时间的变化中国在移动应用中的优势会越来越明显。二是

突出"数字强国"跃升机遇。中国有 31 个制造大类，609 个小类，每个类别中还有研发、设计、仿真生产、测试、售后等多个环节，这些环节相互组合形成上万个细分场景。与此同时，中国还是全球最大的新能源汽车制造国、手机制造国和家电制造国，未来可能还是机器人制造国，这些终端设备都会成为中国数字应用规模化、创新化发展的路径，同时加快中小企业的转型步伐。在这些场景里面，中国最大的竞争优势就是利用非公开的专有数据，在真实的场景中去优化垂直大模型算法，再把这个算法用回特定场景进行强化学习，然后再产生数据，形成闭环，这种闭环就是中国人工智能产业未来的结构性机会。

我国在《2024 年政府工作报告》中提出，深化大数据、人工智能等研发应用，开展"人工智能 ＋"行动。加快"人工智能 ＋"迭代动态发展不仅有助于实现技术变革，而且有助于推动产业深度转型升级，是培育和形成新质生产力的关键所在。

三、强化人才支撑，保障国际竞争和经济发展的动力引擎

数字人才是推动数字产业发展和提升国际竞争力的核心力量，也是构建数字经济优势的关键资源。美国、欧盟、日本等多国政府高度重视数字人才的发展，将全方位的数字人才战略部署作为优先事项，构建了一个整合政府、教育体系及移民政策的全面数字人才政策框架。具体而言，这些政策主要包括：首先，提升政府工作人员的数字素养，确保政府运作与数字时代同步；其次，打造面向未来的数字人才培养教育体系，以适应不断变化的数字技术需求；最后，优化高水平国际数字人才的引进机制，促进国际人才的交流与合作。这样的政策布局旨在为数字经济的持续发展提供坚实的人才支撑。而且，近年来为保持本国数字产业优势，美国、德国、英国、法国等陆续修改移民法，优先考虑人工智能领域企业家和专家的移民申请。

基于此，我国也出台培养聚集数字产业高端人才的战略，例如，《新一代人工智能发展规划》明确提出高端人才队伍建设是人工智能发展的重中之重，围绕自主培育、人才引进、学科建设，逐步形成中国人工智能人才高地。首先，在自主培育方面，需加速推进高等院校及公共科研机构科研体制的改革步伐，构建一套与国际治理标准和激励机制接轨的科研制度体系。第二，在人才引进方面，大幅提升科技人才引进制度的开放度与居留环境的包容性，以吸引全球数字经济领域的高端人才来中国工作。第三，在学科建设方面，加快国内

教育体系的改革创新，全方位培养和提升国民的数字思维与数字素养，为中国数字经济的发展奠定坚实的人才基础。

四、注重全球战略，培育数字产业竞争力关键创新主体

在数字时代的技术经济范式下，数字企业是实现数字经济战略、增强数字经济国际竞争力的核心所在，已成为创造数字技术和推动数字产业化的关键力量。美国数字科技企业以跨国型大公司为主，充分利用范围经济和规模经济优势，推动跨境数据流动和技术标准的全球化，以此降低本国平台企业的扩张成本，并确保对主导技术路径的控制。

中国可以借鉴全球公司模式，重构数字时代全球竞争新格局，从而扭转传统时代中国跨国公司发展相对落后于发达国家的局面，培育以电子商务为主的跨国科技公司。随着移动互联网诸多细分赛道已进入相对成熟阶段，渗透率提升逐渐进入瓶颈期，整体收入增速趋于放缓，出海就成为中国产业链向不同区域自然延伸并探索"新价值洼地"的必然选择。近年来，依托中国本土庞大的市场、现象级的产品、成熟的模式、丰富的人才等经验和优势，我国移动互联网公司产品出海突飞猛进，如出海电商巨头希音（Shein）、拼多多国际版（Temu）、全球速卖通（Aliexpress）、抖音小店（TikTok Shop）等，在一定程度上提升了我国的数字产业国际竞争力。

第九章 中国数字产业竞争力提升的目标定位与路径选择

在全球经济一体化和数字化转型背景下，数字产业已成为国家竞争力的重要驱动力。中国作为世界第二大经济体，数字产业的发展不仅关乎经济增长的质量与可持续性，还在国际竞争中占据了举足轻重的地位，已成为各国数字经济战略博弈的新战场。本章拟在加快推进数字中国的战略背景下，在明确中国数字产业竞争力提升的目标定位基础上，遵循一定的客观规律与基本原则，探寻中国数字产业竞争力提升路径。

第一节 中国数字产业竞争力提升的目标定位

数字产业竞争力的提升是实现经济高质量发展的关键因素，近年来数字技术的广泛应用使得生产效率得到了显著提升，资源配置实现了优化，从而推动了传统产业的转型升级。数字产业的蓬勃发展直接促进了经济结构的优化升级，越来越多的传统行业实现了数字化赋能，生产方式和运营模式得到了根本性改变，推动了服务业和制造业的深度融合，形成了新兴产业和新的商业模式，不断开辟经济增长的新空间。在国际形势日趋复杂的背景下，加强数字产业的竞争力不仅可以有效应对外部压力，保障国家经济安全，还能推动绿色技术的创新应用，为实现可持续发展目标贡献力量，为中国经济的长远发展奠定坚实基础。具体而言，中国数字产业竞争力发展的目标定位包括两个层面：一是伴随信息技术的快速发展，数字产业系统内部的目标定位；二是数字产业支持经济高质量发展的具体方向。这个目标定位会随着经济社会发展、宏观环境变化、国家发展战略演变而进行动态调整。在经济新常态和数字中国战略大背景下，中国数字产业竞争力发展的目标定位主要体现为：数字产业竞争力水平显著提升，在此基础上促进数字治理体系、产业生态等良性发展，形成具有国际影响力的数字产业集群，以数字产业发展赋能中国式现代化的加速推进。

一、数字产业基础持续夯实

产业基础能力是一个国家综合国力和核心竞争力的综合体现，是确保供应链安全和稳定的基石。2023 年习近平总书记在江苏考察时强调全面提升产业基础高级化和产业链现代化水平，[①] 推进产业基础高级化、产业链现代化是中国经济应对错综复杂的国际形势、加快建设现代化产业体系和实现高质量发展的必然要求。产业基础是产业形成和发展的基本支撑，既包括提供基本生产资料的产业部门，也包括提供产业底层结构的产业要素及其组织方式。工业底层结构要素包括基础零部件和元器件、基础材料、基础工艺及装备、工业基础软件、产业技术基础等（罗仲伟，2023）。与世界先进水平相比，中国工业底层结构要素发展不足，特别是在高端芯片、人工智能、区块链、云计算等前沿领域，技术自主创新能力较弱，生产资料"卡脖子"问题仍然突出。以电子信息产业为例，欧美电子信息产业发展起步较早，20 世纪初，法国和德国发明诸如无线电通信和真空管技术助推信息传播革命，并培育了自有完整产业链。20 世纪 50 年代，半导体的崛起和集成电路的问世进一步推动了个人计算机和互联网的普及。20 世纪中后期，该产业部分组装制造环节转移至中国等发展中国家，产业结构迭代调整迅速。中国电子信息产业发展历经"市场化转型—规模化发展—代工跟随—技术创新"四个阶段，电子信息制造业营业收入不断提升，2023 年，规模以上电子信息制造业增加值同比增长 3.4%，但多年来，中国在电子信息制造业营业收入利润率连续十余年仍在 4% 左右徘徊，很难突破 5%。2023 年，规模以上电子信息制造业营业收入利润率为 4.2%，[②] 这与该行业在全球价值链地位中始终处于中低端水平息息相关，受研发技术水平限制，大部分核心技术依然掌握在国外公司手中，关键生产资料依附于国外，产业链高附加值布局及占比较低。

随着新一轮科技革命和产业变革的深入发展，融合化、网络化、共享化和集聚化逐步替代批量化、专业化，成为重要的产业发展组织特征。经历了 20

---

① 习近平在江苏考察时强调：在推进中国式现代化中走在前做示范　谱写"强富美高"新江苏现代化建设新篇章［EB/OL］. 中国政府网，https：//www. gov. cn/yaowen/liebiao/202307/content_6890463. htm.

② 2023 年电子信息制造业运行情况［EB/OL］. 中华人民共和国工业和信息化部，https：//www. miit. gov. cn/gxsj/tjfx/dzxx/art/2024/art_973024044030402ab5e742405126bc9e. html.

世纪 50 年代 156 个重点工业项目、20 世纪 60 年代"三线建设"布局、20 世纪 70 年代的两次大规模技术引进，中国用几十年时间走完了发达国家几百年走过的工业化历程，逐步建立起独立完整的工业体系。中国拥有 41 个工业大类、207 个中类、666 个小类，是全世界唯一拥有联合国产业分类中全部工业门类的国家，形成了独立完整的现代工业体系，推动以数字化、信息化、智能化、绿色化和融合化为特征的现代化产业体系日益完善。现代化产业体系的形成过程就是传统产业深度转型、新兴产业和未来产业奔涌勃发进而推动整个产业体系从传统走向现代的过程（吴珂，2024）。但行业间融合仍缺乏系统性和深度，尤其是在高技术产业与传统产业的深度融合方面尚未形成有效的创新生态。行业基础设施建设、数据共享机制和网络安全等方面仍存在短板，制约了产业间的高效协同，集聚化的发展在部分区域得到体现，但整体上仍显分散，尤其是在中小企业的集聚和资源共享上，缺乏有效的政策支持与服务平台。数字产业已成为各国竞争的新高地，而夯实数字产业基础则是提升其竞争力的关键所在。因此，需不断完善和优化产业要素及其组织方式，依托数字产业高技术特质建立高端性、高效性和完善性的产业基础体系，构建产业内和产业间及底层结构要素间协调性、融合性、集约性的适配状态，打造支撑性、引领性、安全性、开放性和可持续性的产业发展进程，持续提升数字产业竞争力。

二、数字产业集群加速成长

要发展数字经济，促进数字经济和实体经济深度融合，打造具有国际竞争力的数字产业集群。这是抢占未来发展制高点的重大决策。产业集群是产业分工深化在地理空间上的表现形态，已经成为国家和区域经济高质量发展的重要支撑和产业国际竞争力的重要影响因素。数字产业集群是以新发展理念为引领，由从事数字产品制造、数字产品服务、数字技术应用、数字要素驱动的企业主体及其相关机构等组成的具有较强核心竞争力的企业集群。数字产业集群强调数据、算法、技术等无形要素的集中，既是基于地理区位的现实空间集聚，也是基于数据要素的虚拟空间集聚，形成了跨领域、跨产业、跨地域、跨组织的产业集群新范式（王文姬和夏杰长，2024）。数字产业集群高度依赖信息网络和互联网平台，通过数字化方式对集群活动进行管理，并以此吸引更多的资本、人才、数据等要素资源以及企业、机构等主体参与集群建设。数字产业集群的形成和发展并非偶然，它们与特定地理区域内的创新生态系统密不可分。这些集群通过协同创新和开放共享，使得企业、科研机构和高等教育机构能够有效地互动合作，形成技术创新的强大合力。

数字产业集群是数字产业发展的高级化形态，数字产业发展为数字产业集群提供技术支撑。底层技术和新兴技术是数字产业集群的实现工具，是其形态变革的根本动因。数字产业的发展促进人工智能、集成电路、大数据、物联网、云计算和区块链等技术的提升，这些技术在产业链研发、生产、交易、流通等多个环节相互融合，实现数据、技术、资金等各方面的优化整合，使技术融合效能有效发挥，提升整个数字产业集群的运行效率和垂直发展能力。例如，美国硅谷、中国深圳和杭州因其成熟的数字产业集群而闻名，这些集群借助数字产业发展带来的技术支撑，不断提升生产力，增强创新能力。数字产业集群是数字产业化和产业数字化协同推进的结果，数字产业的发展正在深刻改变传统产业的格局，数字产业的发展突破了以往集聚和重组的物理条件，通过大数据、云计算和人工智能等技术，实施灵活的产业集聚和重组（邵春堡，2021），使产业生态更加健康和可持续。

三、数字治理体系更加完善

数字治理不仅关乎数据的管理与使用，更涉及公民权利、透明度、问责制以及创新能力的提升，是数字产业发展的重要目标。数字治理体系是以促进发展和监管规范为准则，由一系列法律法规、政策规定、制度规则、标准规范等组成的相互衔接配套的规则体系。党的二十大报告强调加快建设制造强国、质量强国、航天强国、交通强国、网络强国、数字中国；《"十四五"国家信息化规划》提出要建立健全规范有序的数字化发展治理体系。数字中国健康可持续发展，必须以完善的数字治理体系为重要保障，通过有效的数字治理，释放数字产业的生产力潜能，防范数字化风险（李颖新，2023）。数字经济已成为重组资源要素、重塑经济结构、改变全球竞争格局的关键力量。中国高度重视数字经济的发展，数字基础设施建设加快、人工智能加速迭代、关键核心技术创新突破、新业态新模式不断涌现，数字经济已经成为经济发展中创新最活跃、增长速度最快、影响最广泛的领域，对培育发展新质生产力、提升产业链供应链韧性具有强大的支撑作用。

然而，数字经济的发展虽然为中国经济注入了新的活力，但也存在诸多挑战，与美国等数字经济强国相比，中国数字产业仍存在大而不强、多而不优、数字风险突出、治理体系不完善等问题。中国数字治理体系不完善表现在多个方面。首先，支撑数字经济发展的新型基础设施建设尚不完善。"新基建"是适应数字经济发展特征的新型基础设施，是数字经济发展的基础，完善新基建能够促进数字产业化深化发展（赵剑波，2021），促生新的发展动能。中国"新基建"的规划与设计仍处于起步阶段，数字产业领域"新基建"在要素配置、成本结构、质量控制、运营维护等方面与传统基建差异较大，新旧基建之间的衔接机制有待完善，规模效应尚未充分发挥。其次，相关法律法规体系尚不健全。为顺应数字经济的发展需要，我国积极出台与数字经济相关的法律法规，包括《中华人民共和国电子商务法》《中华人民共和国网络安全法》《中华人民共和国数据安全法》等，数字治理法律体系不断完善。但相关法律法规体系建设存在滞后性和碎片化的问题，法律法规的系统性、前瞻性、实用性等相对不足，如算法歧视、深度伪造、机器人侵权等新问题不断出现，迫切需要法律予以规范。再次，数据共享和价值释放机制有待完善。中国数据价值化发展仍处在初级阶段，数据整合互通和互操作性较差，数据采集和供给质量不高，数据确权尚未取得实质性进展，数据要素技术体系尚未成熟，数据价值化发展存在诸多难题。最后，数字经济的国际参与和合作机制不完善。数据要素相对于其他生产要素更容易出现跨境流动（李涛和徐翔，2022），在数据跨境流动过程中，数据权属问题至关重要。国际社会在跨境数据流动的基础性规则方面还没达成共识，各国在数据标准、权属和立法模式等方面存在分歧，且中国数据跨境流动的制度体系尚不健全，容易丧失数据资源流通和开发的主动权。未来应加快构建数字发展新格局，促进数字产业竞争力提升，不断完善数字治理体系。

四、服务高质量发展的现实需要

高质量发展，就是能够很好满足人民日益增长的美好生活需要的发展，是体现新发展理念的发展，是创新成为第一动力、协调成为内生特点、绿色成为普遍形态、开放成为必由之路、共享成为根本目的的发展。党的二十大报告强调高质量发展是全面建设社会主义现代化国家的首要任务。新时代，推动高质量发展已成为全党全社会的共识和自觉行动，高质量发展成为主旋律。面对国际环境深刻变化以及国内经济发展出现的新情况、新特点及"三期叠加"的复杂局面，坚定不移地推动高质量发展既是新时代取得伟大变革的重要经验，也是未来一个时期更好推动经济社会发展的必然选择。全球经济形势下，数字经济已经成为推动经济增长的新引擎。为了适应经济转型升级的要求，提升数字产业的竞争力，必须围绕服务高质量发展的现实需要进行深入探索。

制约高质量发展的因素大量存在。从外部环境来看，面对世界百年未有之大变局，全球化趋势趋缓，贸易保护主义抬头，地缘政治风险加剧，全球供应链重构，国际贸易、投资、技术等要素流动性受阻，各种不确定性和矛盾挑战日益增多。从内在条件来看，我国一些领域关键核心技术受制于人的局面尚未根本改变，城乡区域发展和收入分配差距依然较大，生态环境保护结构性、根源性、趋势性压力尚未得到根本缓解，对外开放全方位、多层次、宽领域的格局还未完全构建，掣肘经济社会高质量发展。经济高质量发展的两个关键是创新驱动和可持续发展，而数字产业竞争力提升对这两个方面都有着关键性的促进作用。首先，创新能够催生新产业、新模式、新动能，是推动经济高质量发展的核心动力。数字产业依赖信息技术、人工智能、大数据等新兴技术的应用，这些技术的快速发展为各行业的创新提供了强大的动力。通过数字技术的应用，企业能够更快速地进行产品研发和市场测试，缩短创新周期，提高创新效率。同时，数字产业的发展推动了行业之间的深度融合，企业之间、企业与科研机构之间的合作日益频繁，通过共享资源和信息，能够更好地进行技术研发和市场探索，有利于形成新的产业生态系统，促进原创性、颠覆性科技创新的发生。其次，高质量发展不仅关注经济增长的速度，更强调经济发展的可持续性。数字产业通过信息技术的应用，快速适应市场变化，调整生产和经营策略，能够实现资源的优化配置和高效利用，减少生产过程中的资源浪费。这种高效的资源利用不仅降低了生产成本，还减少了对环境的负担，推动了经济的可持续发展。通过数字技术，企业还可以实现生产过程的智能化和自动化，降低能耗和排放，促进经济、社会和环境的协调发展。

第二节　中国数字产业竞争力提升的路径选择原则

面对复杂多变的国际形势和日益激烈的全球竞争，提升中国数字产业竞争力已成为实现经济高质量发展的关键任务之一。然而，在技术快速迭代、市场需求变化和政策环境调整的过程中，科学选择数字产业竞争力提升的路径，需要遵循既定目标方向上的指导原则，以保证数字产业高质量发展。具体而言，主要包括以下五个原则。

一、精准性原则

精准性原则是根据不同行业和领域的特点，合理分配力量资源，精心设计方案，精准施策、精准推进、精准落地、精准治理，推动新产业、新模式、新动能发展。精准性原则有利于国家、地区和企业更加明确发展方向和路径，通过制定有针对性和可操作性强的发展策略提高发展效能。党的十八大以来，习近平总书记立足党和国家事业全局，在深化改革、经济发展等多个领域的工作部署中强调"精准"（张琳和于建贵，2021）。提升数字产业竞争力已成为各国经济发展的重要战略，为实现这一目标，精准性原则的应用显得尤为重要。精准性原则不仅涉及政策制定和资源配置的科学性，还关乎企业在市场竞争中的灵活应对能力。

数字产业竞争力提升的精准性主要表现在两个方面。一是发展定位精准。随着数字技术的快速发展，地区间传统的要素流动、资源配置模式已发生明显改变（张可云，2022），数据要素正在持续模糊各地区的地理空间边界，使各区域产业发展格局并不局限于本地资源禀赋，还赋予了各地区产业更新和跨阶段发展的新动能。数字经济推动各地区生产方式转变，数字经济、战略性新兴产业、新基建等成为各地争相布局的热点，虽然这一现象并不能简单地等同于重复建设，但不能否认的是，有些地区一哄而上、低水平重复的问题仍然存在。数字产业的低水平重复建设是在数字经济快速发展的背景下，部分地区或企业在缺乏科学规划和市场需求分析的情况下，盲目跟风、重复投资，导致资源浪费和市场供需失衡的现象。在某些地区，出于对数字经济的重视，纷纷大规模建设数据中心。然而，因缺乏市场需求分析，部分数据中心在建成后使用率无法达到预期，造成巨额的投资浪费，美国加州"数据中心墓地"、英国数据中心过剩就是典型案例。数字产业发展，要加强顶层规划，找准区域产业发展定位，因地制宜地构建产业发展格局，避免低水平重复的问题。二是产业链供需精准匹配。产业供需的精准匹配已经成为推动可持续发展的关键因素，无论是在制造业、服务业还是农业方面，供需之间的失衡不仅会导致资源浪费，还可能影响整个行业的竞争力和发展潜力。近年来，随着大数据和人工智能技术的进步，产业供需匹配的智能化水平显著提升，但数字产业仍存在供需结构性矛盾。面对世界百年未有之大变局，以美国为代表的西方强国针对包括数字产业在内的高技术产业和关键核心技术，对中国实行大规模"结构性封锁"，暴露出中国在核心技术领域"卡脖子"的问题。要想更好地促进数字产业发展，就要打破技术壁垒，推动产业基础设施的标准化、开放化，助力全链条供需协调发展，提升数字产业全球价值链竞争能力。

二、市场化原则

市场是对资源进行有效配置的基本机制，市场对资源的优化配置起决定性作用。数字产业竞争力提升的过程本身就是市场化不断深化的过程，是市场对资源优化配置作用不断发挥的过程。市场化原则强调通过市场机制来配置资源、优化产业结构，从而提高产业生产效率和创新能力。市场机制在资源配置、竞争激励和信息流通等方面的作用直接影响着数字产业的竞争力，推动其持续发展和创新。数字产业竞争力很大程度上取决于市场体系的健全性，即市场化的竞争机制、供求机制、价格机制的作用是否得到充分发挥。

市场化原则会对数字产业竞争力产生和形成多种支持效应。一是资源配置效应。在数字产业中，技术、资金和人才等资源的合理配置至关重要，市场机制通过价格信号引导资源流动，促使企业根据市场需求和竞争状况自主决策，从而实现资源的最优配置。市场化环境下，企业能够及时获取市场动态和消费者需求，当某项技术或产品受到市场青睐时，企业会加大投入，吸引更多资源进入该领域，进而提升整体竞争力。二是创新激励效应。在竞争激烈的市场环境中，企业面临着来自同行的压力，迫使企业必须在产品、服务和商业模式上不断创新以保持竞争优势。这种创新不仅体现在技术的突破上，还包括用户体验的提升和市场需求的快速响应，推出更具竞争力的产品，增强市场地位。三是协同发展效应。在数字产业中，企业之间的合作与协同是提升竞争力的重要途径，企业更容易形成产业链、生态圈，通过资源共享和优势互补实现协同创新。这种合作不仅能降低成本，还能加速技术的推广和应用。四是政策优化效应。政府在数字产业发展中扮演着重要角色，在市场化原则的指导下，政府会更加关注市场反馈，通过市场反馈信息制定相关政策引导和支持数字产业发展，以适应市场变化和企业需求。这种动态的政策调整能够为数字产业的发展创造良好的营商环境，进一步提升企业的竞争力。

三、竞争性原则

没有竞争就没有市场经济，公平而充分的竞争是市场经济的本质特征（洪银兴，2020），优胜劣汰的市场竞争结果是效率的提高和供求的平衡。在数字产业发展中,竞争是推动创新和提高效率的关键。公平竞争能够为企业创造一个良好的市场环境,促进技术进步和服务优化,从而推动数字产业的健康发展。在公平而充分的竞争机制下,企业能通过技术创新和产品升级获得市场优势,不断探索新技术和新商业模式,以满足消费者的需求。在公平竞争的市场中,企业为了降低成本和提高利润,必须优化生产流程和管理模式,将资源更有效地流向那些能够创造更大价值的企业和项目中,实现生产效率和经济效益的最大化。这种效率的提升不仅体现在企业内部的资源配置上,也会对整个产业链产生积极影响。中国数字产业市场竞争性和开放程度还不高,部分地区少数大型企业占据了市场主导地位,存在技术壁垒和资金门槛,形成了"赢家通吃"的局面,这种市场集中使得新兴企业难以进入,限制了竞争的多样性和活力,抑制了创新的动力。此外,数字产业部分领域寡头垄断格局明显,政府行政干预过多,导致竞争机制的作用难以发挥。因此,还需不断优化市场环境,降低技术和资金壁垒,通过完善政策监管等措施,培育和形成一个竞争性的市场发展格局。

四、可持续发展原则

随着工业化进程的加快,自然资源的过度开发与环境污染问题日益凸显,全球生态系统面临巨大的压力,可持续发展已成为全球关注的核心议题。联合国通过的《改变我们的世界——2030 年可持续发展议程》(*Transforming our World: The* 2030 *Agenda for Sustainable Development*) 明确提出 17 项可持续发展目标 (sustainable development goals,SDGs),旨在引导各国共同努力,实现经济增长、社会包容和环境保护的和谐统一。党的二十届三中全会将加快经济社会发展全面绿色转型纳入进一步全面深化改革的总目标。中共中央、国务院印发的《关于加快经济社会发展全面绿色转型的意见》提出,以碳达峰碳中和工作为引领,协同推进降碳、减污、扩绿、增长,深化生态文明体制改革,健全绿色低碳发展机制。可持续发展已成为社会生产力发展和科技进步的必然产物,是破解全球性问题的"金钥匙"。在数字产业的蓬勃发展中,资源的过度消耗、电子废弃物的激增以及数字鸿沟的加深,都对社会的可持续发展构成了潜在威胁。随着数据中心和服务器的增加,能源消耗和碳排放问题日渐严重,根据国际能源署 (international energy agency,IEA) 的数据,数据中心能源消耗占全球能源消耗的 1% ~ 1.5%,预计到 2026 年其用电量将达到 1000TWh,爱尔兰数据中心在 2023 年消耗了该国 21%

的电力,① 超过其所有城市家庭用电量的总和。数字产业的发展需注重绿色技术的采用，通过使用可再生能源、提高设备能效等降低对环境的影响，实现资源的可持续利用。此外，数字鸿沟问题使得部分群体无法平等享受数字化带来的便利，导致社会不平等加剧。因此，政府和企业应共同努力，在推动数字产业硬基础提升的同时注重数字软实力发展，通过数字教育和技能培训，提升公众的数字素养。

五、创新驱动原则

科技创新能够催生新产业、新模式、新动能，是高质量发展的核心驱动力。坚持科技创新特别是原创性、颠覆性科技创新，有助于不断开辟发展新领域新赛道、塑造发展新动能新优势。党的十八大以来，以习近平同志为核心的党中央高度重视科技创新工作，坚持把创新作为引领发展的第一动力（李蕾，2024）。党的二十大报告强调要坚持创新在我国现代化建设全局中的核心地位。中国科技创新能力快速发展，创新驱动发展成效日益显现。世界知识产权组织发布的 2024 年全球创新指数报告（Global Innovation Index，GII）数据显示，中国在全球创新力的排名由 2012 年的第 34 位上升为 2022 年的第 11 位,② 中国成为近 10 年来创新力上升最快的经济体之一，进入创新型国家行列。创新成果的不断涌现源于持续加大的科技创新投入，中国研究与试验发展经费总量由 2012 年的 1.0 万亿元增长到 2023 年的 3.3 万亿元，2023 年同比增长 8.4%，经费投入强度达到 2.7% ,③ 为加快实现高水平科技自立自强提供了有力保障。

提升数字产业竞争力的关键在于数字技术的颠覆性创新和应用赋能（郭劲光，2024）。数字产业的核心在于技术的不断更新迭代，随着人工智能、大数据、云计算等新兴技术的快速发展，数字技术与各类产业深度融合，数字产业生态圈加快形成，企业之间的合作与协同变得日益重要，企业必须通过创新提高与上下游合作伙伴共同开发新产品、共享资源的能力，提升整个产业链的竞争力，才能在市场竞争中占据优势。产业竞争力的提升离不开科技成果的有效转化，有效的科技成果转化能够推动产业深度转型升级和促进创新生态系统的

---

① 2024 年电力报告［R］. 国际能源署, https：//www. iea. org/reports/electricity-2024.
② 2024 年全球创新指数报告［R］. 世界知识产权组织, https：//www. wipo. int/en/web/global-innovation-index/2024/index.
③ 2023 年我国研究与试验发展经费投入突破 3.3 万亿元［EB/OL］. 中国政府网, https：//www. gov. cn/lianbo/bumen/202410/content_6978180. htm.

形成，进而推动产业向高附加值、高技术含量的方向发展。总之，数字产业竞争力的提升离不开科技创新，在推进科技创新与产业应用的过程中，应紧扣国家发展战略需求，聚焦技术研发与应用，探索数字产业和数字技术创新路径，增强产业市场竞争力。

第三节　中国数字产业竞争力提升的路径选择

与传统产业不同，数字产业发展呈现出虚实结合、软硬一体、开源创新和平台协作等特征（高婴劢等，2024），决定了数字产业的发展模式已经从传统的链式结构转变为更加灵活化、网络化和扁平化的模式，这对数字产业竞争力提升的路径提出了更高的要求。数字产业竞争力提升的路径选择思路不是路径取舍、路径主次，而是路径优化、路径协同。基本构想是突破传统产业发展路径，通过创新要素、市场等方面的生态化运营，建立数字产业竞争力提升路径的支撑体系。

一、推进关键核心技术协同攻关，加快培育世界级高端数字产业集群

推进关键核心技术协同攻关是把握科技创新规律的必然之举。2023 年，习近平总书记在上海考察时指出要以科技创新为引领，加强关键核心技术攻关，促进传统产业转型升级，加快培育世界级高端产业集群。① 打好关键核心技术攻坚战是维护中国产业链供应链安全稳定、塑造发展新动能新优势、加快培育高端产业集群和促进数字产业竞争力不断提升的重要保障。推进关键核心技术协同攻关，加快培育世界级高端数字产业集群，有以下路径可供选择。

（一）不断完善科技创新组织方式和治理体系

为积极应对欧美等发达国家在数字产业国际竞争力提升进程中的战略部署，破解原始创新能力相对薄弱、关键核心技术受制于人的问题，具体而言，可以从"链主带动＋需求激励＋协同融通＋评价引导"的角度着手。一是强

---

① 习近平在上海考察时强调　聚焦建设"五个中心"重要使命　加快建成社会主义现代化国际大都市　返京途中在江苏盐城考察［EB/OL］．中国政府网，https：//www.gov.cn/yaowen/liebiao/202312/content_6918294.htm.

化链主企业带动，我国在全球数字产业关键技术领域的科技巨头企业较少，云计算、射频器件和核心工业软件领域的科技巨头和隐形冠军更是缺乏，需充分发挥新型举国体制优势，善用"揭榜挂帅"机制，积极培育壮大本土链主企业和隐形冠军企业。链主企业和隐形冠军企业发挥头雁作用，通过塑造强大的产业链集成能力，联合全链重点企业建立产业链分工合作、利益共享的一体化组织新模式，形成以链主企业自主创新带动全产业链原始创新、联合攻关的发展路径。二是加强市场需求激励，一方面坚持市场导向，研发部门与行业部门和用户紧密对接，建立自上而下和自下而上相结合的多渠道抉择机制，加强在国家战略需求和新兴前沿交叉领域的布局。另一方面加快构建全国统一大市场，推动创新资源要素在全国范围内顺畅流动，为企业创新提供内生的动力机制、盈利机制和再投入保障机制（杜宇玮，2022），做大做强创新型产业。三是协同融通，产业生态链是由产业链条中各类参与者以及产业发展的支撑因素与外部环境等构成的有机系统。需积极探索权责明晰、运行高效的联合攻关模式，加强链主企业与产业链成员的深度耦合，进一步统筹高等院校和科研院所等共同组成的产学研协同创新联盟，并依托配套服务主体和其他相关产业的协同作用，促进产学研深度合作，提高科技成果转移转化成效和协同攻关效率。四是评价引导，坚持以实际应用和社会效益为核心的评价导向，建立科学合理的评价标准，鼓励科研人员和科研机构敢于攻坚克难，积极开展具有颠覆性和前瞻性的研发工作。

（二）持续加强重点领域研发经费投入

科学技术是第一生产力，加快实现高水平科技自立自强是实现民族复兴和高质量发展的重要支撑。研发投入是科技创新的前提条件和物质保障，在加快实施创新驱动发展战略的过程中，持续加强重点领域研发经费投入，同时优化和调整经费投入结构，是促进科技攻关的重要支撑。尽管受到风高浪急的国际环境和艰巨繁重的国内改革发展稳定任务等多重因素影响，中国全社会研发经费投入依然保持较快增长。根据科学技术部数据，2023 年全国研发经费投入超过 3.3 万亿元，比上一年增长 8.1%，基础研究投入达 2212 亿元；2023 年新签订的技术合同达 95 万项，总成交额达 6.2 万亿元，比上年增长 28.6%；授权发明专利达 92.1 万件，比上年增加 15.3%。① 中国在量子技术、集成电

---

① 2023 年全国科技经费投入统计公报［EB/OL］. 中华人民共和国科学技术部，https://www.most.gov.cn/xxgk/xinxifenlei/fdzdgknr/kjtjbg/kjtj2024/202410/t20241015_192157.html.

路、人工智能、生物医药、新能源等领域取得一批重大原创成果。全球首座第四代核电站正式投产，C919 大飞机实现了商业化使用。此外，科技创新与知识产权信息服务商智慧芽发布的《智慧芽中国研发指数 CIRD 2023 年度中国研发创新活跃度观察》报告显示，2023 年中国科技研发活动仍然保持平稳增长，全年中国研发指数 CIRD 录得 109.9，① 研发活动仍然保持相对活跃态势，在整体经济活动中持续发挥引领作用。这一系列成效的取得有赖于政策持续加力、科技奖励和激励机制不断完善，市场主体创新活力得以不断激发，有力支撑了中国经济社会高质量发展。与此同时，中国在数字产业等关键领域的技术创新还存在不足，尤其是技术出海能力较弱。《智慧芽中国研发指数 CIRD 2023 年度中国研发创新活跃度观察》报告指出，2023 年，在人工智能、半导体行业中国申请人的海外专利申请量分别为 1.3 万件和 4.1 万件，增速分别为 −12.9% 和 1.5%，低于全行业平均值。②

从具体的研发经费投入情况来看，与美国、日本等科技强国相比，中国研发经费投入强度尚显不足。研发经费投入来源单一，企业是中国研发经费的主要来源，投入的可持续增长压力不断加大。研发经费支出结构不合理、不平衡，对基础研究投入过低、地区差异大，基础研究投入不足制约了应用研究和试验发展创新效率的提升，企业研发经费更多地用于试验发展，进一步加剧了研发经费支出结构不合理（龚六堂，2024）。以科技创新引领现代化产业体系建设，需要不断提高研发投入水平，改善研发投入结构，加大对基础研究的投入，提升关键核心技术的创新能力。首先，在研发投入水平方面，继续增加中央和地方政府对科研的财政投入，设立专项资金支持数字经济重点领域发展。通过出台更多优惠政策，如所得税减免、信贷支持等鼓励社会各界增加研发经费投入，从制度层面规范社会资金使用，拓宽研发经费来源。其次，在研发投入结构方面，持续改善研发经费的执行结构，加大政府经费执行中对企业的投入力度，改善基础研究经费的执行结构，优化高等学校、研究与开发机构和企业等的基础经费执行比例，改善应用研究经费支出。最后，进一步聚焦国家战略需求和发展要求，深入实施重大科技项目，充分发挥国家实验室、国家科研机构、高水平研究型大学、科技领军企业的特色优势，建设协同高效的战略科技力量，鼓励高校和科研机构与企业建立长期合作关系，共同申报科研项目，分享研发成果，形成良性循环。

---

①② 智慧芽中国研发指数 CIRD 2023 年度中国研发创新活跃度观察 ［R］. 智慧芽，https：// www. cs. com. cn/xwzx/hg/202402/t20240221_6391116. html.

二、加强产业体系化布局，推动数字产业全产业链协调发展

以数字化、信息化和智能化为特征的现代化产业体系，将推进传统的劳动者、劳动资料和劳动对象及其组合方式实现跃升并形成新型生产要素，新型生产要素的优化组合会催生新产业、新模式，推动全产业链协调发展（吴珂，2024）。产业体系的优化与升级已成为各国推动经济高质量发展的核心任务之一。随着技术的进步和市场需求的变化，传统的单一产业格局正逐渐迈向更加复杂且系统化的产业布局。增强产业体系化布局不仅能够提高资源的配置效率，降低生产成本，还能够促进产业协同发展，提升整体竞争力。

（一）围绕区域发展战略，优化数字产业空间布局

中国地域广袤，各地区资源禀赋、区位特点、发展水平不尽一致，这决定了各地区在发展产业时具有不同的比较优势，产业发展要根据各地区的条件，走合理分工、优化发展的路子，因地制宜地塑造区域竞争新优势。早期，传统经济发展动能推动区域协调发展的能力有限，使得中国在不同城市、不同地区、城乡之间存在发展不平衡、不充分的问题。随着数字产业和数字技术的快速发展，各类资源要素持续打破空间限制，为推动区域协调发展提供了契机。各地区充分借助数字技术弥补自身在要素投入方面的不足，积极发展数字经济，随之出现布局重复、低效建设、产能过剩和高端产业低端化问题。数字产业发展要避免数字基础设施重复建设、海量数据要素垃圾化等资源浪费，这就要求围绕区域发展战略和资源要素优势，从更高的层面进行统筹规划。从现实情况来看，中国数字产业发展成效较好的地区以东部沿海和发达省（市）为主，这些地区拥有良好的基础设施条件、雄厚的财力资本和较强的网络安全观念，可以超前布局一批新型基础设施，逐步培育有竞争力的数字化产业，尤其是数字高技术产业，如数字支付、区块链、在线金融服务等。而相对落后的地区或城市则面临投入资金有限、人才匮乏、互联网安全意识不强等问题，难以推动经济整体实现数字化改造。数字产业发展具有一定的马太效应，产业布局要突出因地制宜和质量建设，通过政府的协调以及广泛覆盖、定向投资等方式弥补发展机会不均衡的同时，减少重复和低效建设，避免同质化无效竞争和高端产业低端化问题。城市群崛起是经济发展到一定阶段的重要标志，数字产业布局要注重以城市群、都市圈为依托，找准城市群各区域内优势产业集群定位，在发达城市群布局高附加值产

业链环节，并将中低端环节分派到其他拥有承接能力的城市群进行生产，通过分工协作促进整体效能提升。

（二）围绕国家重大需求，构建数字产业新高地

数字产业发展要坚持面向国家重大需求，面向国家重大需求就是坚持需求导向和问题导向（佘惠敏，2020）。中国数字产业发展面临一些迫切需要解决的短板和弱项，国家对数字关键核心领域的需求比以往更加迫切。中国在操作系统、射频器件、核心算法、数据库管理系统和扫描电镜等领域"卡脖子"严重。以核心算法为例，由于中国没有掌握核心算法，国产高端机器人稳定性、故障率等关键指标远不如工业机器人"四大家族"的产品，在核心控制器和伺服系统等方面存在明显差距。中国在数据库管理系统方面国际竞争力较弱，全世界流行的两种数据库管理系统是甲骨文公司旗下的 Oracle 和 MySQL，竞争者还有 IBM 公司以及微软公司的产品，甲骨文、IBM、微软等公司占据大部分市场份额，国产数据库管理系统稳定性和性能较差，市场占有率低下。数字产业发展需瞄准国家重大需求，加快壮大人工智能、大数据、区块链、云计算等新兴数字产业，区块链技术被纳入国家五年规划，成为发展数字经济和建设数字中国的重要载体，应加快推动区块链技术等新兴技术的发展。同时，围绕国家数字产业发展难点、堵点，积极开展基础研究、应用研究和关键核心技术攻关，基础研究需围绕国家战略需求背后的基础科学问题和世界科技前沿基础性问题，加强底层技术攻关；应用研究需从国家急迫需求和战略需求出发，以解决关系国家根本和全局的科技问题为目标，形成高质量的关键技术供给体系；关键核心技术攻关应利用完备产业体系、巨大内需市场等综合优势，集中优质创新要素，加速关键领域"卡脖子"问题的解决，在破解技术封锁方面取得突破，逐步掌握数字产业发展的主动权。

（三）围绕颠覆性创新，打造数字产业发展新优势

习近平总书记在主持中央政治局第十一次集体学习时强调，必须加强科技创新特别是原创性、颠覆性科技创新，加快实现高水平科技自立自强，打好关键核心技术攻坚战，使原创性、颠覆性科技创新成果竞相涌现。① 颠覆性科技

---

① 习近平. 发展新质生产力是推动高质量发展的内在要求和重要着力点［EB/OL］. 中国政府网，https：//www. gov. cn/yaowen/liebiao/202405/content_6954761. htm？ menuid＝197.

创新是未来主导世界发展的重中之重，数字产业本身就是颠覆性技术创新的结果，数字技术的出现改变了传统市场模式和资源要素的流动形式，释放了生产力，形成中国式现代化新的原生动力。随着科技水平的提升，各种颠覆性创新与迭代层出不穷。在颠覆性创新下，先发国家具有技术优势，但也往往面临着被下一代颠覆性技术创新替代的风险及技术转换成本高昂等劣势。中国在数字产业部分领域落后于其他发达国家，可加大力度致力于新一代颠覆性技术的研发，直接"轻装上阵"迅速采用新技术，实现技术弯道逆袭赶超。传统的"规划—指南—项目"的管理方式已经不适应颠覆性技术创新的特点（白光祖和曹晓阳，2021），需要在组织管理上大胆创新、先行多试，链式支持前沿性创新活动。深入理解市场需求、鼓励内部创新、探索新技术与商业模式、建立跨界合作以及快速迭代与反馈，完善不断变化的创新条件和生态系统，营造鼓励创新、宽容失败的良好环境，激励"天赋型"科研人员做好奇心驱动的原创研究，有效推动颠覆性创新。此外，颠覆性创新离不开开放的环境，建立和完善颠覆性科学发现和技术创新的国际对话机制，加强与世界前沿科技的对话交流，共同探索新技术、新业务、新模式。

三、建立全方位支撑体系，不断强化数字产业竞争力提升的内生动力

党的十八大以来，中国数字经济快速发展，数字产业对经济发展的贡献不断加大。但在数字产业不断发展的过程中，仍然存在产业架构失调、产业生态不完善、资源整合不充分等一系列问题。其中，既有外部全球经济不确定性增大和国内经济发展结构调整、新旧动能转换等宏观层面的原因，也有治理体系不完善、产业布局不合理等微观层面的原因。要想更好地发展数字产业，不断强化数字产业竞争力提升的内生动力，就要从完善治理体系、加强人才队伍建设等方面入手。

（一）构建数字人才政策体系

人才是第一资源。数字人才已成为推动产业革新和经济转型的核心驱动力，随着技术的不断进步，人工智能、大数据、云计算迅速发展，传统产业与数字技术的深度融合已成趋势。全球范围内数字人才的紧缺现象日渐明显，尤其在中小企业和新兴行业中，专业人才的短缺严重制约了创新和产业升级。社会科学文献出版社发布的《产业数字人才研究与发展报告（2023）》指出，中

国数字人才缺口为 2500 万～3000 万人，[①] 且缺口仍在持续扩大。面对数字人才紧缺局面，多措并举提升数字人才数量和质量已成为数字产业竞争力提升的当务之急。具体而言，可以从完善人才的培养体系、培训体系和保障体系等方面着手。数字人才的缺口在根本上要通过培养来解决（张晓静，2023），加强义务教育阶段数字技术知识的科普，高等教育阶段实施分类别培养，围绕数字产业相关企业需求，分职业、分专业、分等级开展规范化培训，健全数字化管理人才、数字化应用人才和数字化专业人才培养体系。深入推进产教融合，构建基于企业实际需求的数字化人才培育方案，支持高校、研究机构、实训基地等形成合力，打造多方联动的人才培养机制，加快产学合作协同育人，培养出"毕业即能用"的实用型人才。同时，开展数字人才国际交流，培养一批具有国际视野的数字专业人才。数字技能培训也是获取高素质数字人才的重要渠道，数字人才的数字素养和技能参差不齐，加快构建全面系统的培训体系，围绕大数据、人工智能、数据安全等领域开展规范化培训，培养具备数据分析、人工智能、编程和网络安全等技能的人才，推动社会人力资源的"数字化"升级。聚焦关键核心领域，落实高层次人才的政策服务，鼓励有条件的地区在住房保障、子女入学、医疗服务等方面给予优惠，持续完善收入分配激励机制，加大对科研成果转化的奖励。

（二）推动完善数字治理体系

近年来，数字技术加速创新应用，为经济高质量发展注入新动能。与此同时，数字规则不健全、数字鸿沟日益加剧、数字安全风险突出、数字治理分歧等问题仍然存在，迫切需要通过健全的数字治理体系加以解决。全球数字治理形势复杂多变，各国对数据权属、数字货币、数据安全等问题在制度和理念等方面存在差异。为此，习近平总书记强调要积极参与数字经济国际合作。要密切观察、主动作为，主动参与国际组织数字经济议题谈判，开展双多边数字治理合作，维护和完善多边数字经济治理机制。[②] 积极开展经济治理体系变革，完善数字治理体系，推动数字治理体系朝着公平合理的方向迈进，对做强做优做大数字经济意义重大。推动数字治理体系变革，既包含宏观层面的制度变革，也包含微观层面的数据要素治理，最重要的任务在于搭平台、建机制、促

[①] 产业数字人才研究与发展报告（2023）［R］. 人瑞人才与德勤中国，https：//www.163.com/dy/article/I7JE0TNO0511A72B.html.

[②] 习近平. 不断做强做优做大我国数字经济［EB/OL］. 中国政府网，https：//www.gov.cn/xinwen/2022－01/15/content_5668369.htm? eqid＝b90240430004a81f00000004645896d2.

流通，通过挖掘社会资源，促进供需双方交易，从而达到减少公共投入的目的。数字治理需要转变观念、创新机制、达成共识，以人为本、以服务和监管为中心，构建具有延展性、实用性、便利性的数字治理平台和数据管理平台。数字经济治理是系统工程，需要通过搭建统一的数字治理平台，整合政府、企业和社会组织的资源和服务，打造各方分工合作、相互配合的协同共治模式。通过建立数据管理平台，开展对各类数据的采集、存储和分析，降低信息不对称。确保数据管理平台具备安全防护措施，保护用户隐私和数据安全，增强公众对数字治理的信任。构建完善的法律法规框架和协同治理机制，持续完善数据保护、网络安全、电子商务、知识产权等领域的相关规则制度，推动数据资源高效流通。完善数字经济市场监管规则规制和促进公平竞争的法律法规，强化反垄断和反不正当竞争。完善相关法律以应对网络诈骗、数据泄露等新型犯罪行为，提升网络安全、数据安全、公民个人隐私安全治理能力。完善数据流通体系，推动政府、企业和社会组织之间的数据共享，打破信息孤岛，促进数据的流通和利用，提高决策的科学性。

（三）构建数字税收制度体系

税收制度只有与现实经济社会形态相适应，才能形成良性循环的闭环（阳镇和王文娜，2024）。数字经济蓬勃发展和数据跨境日益频繁，冲击着现有的税收制度体系，对传统征税制度提出诸多挑战。现行税制不能适应数字经济新特点，许多数字企业通过转移利润和利用低税率国家的税收政策，减少在运营国家的税收负担，导致税基侵蚀。数据无形资产的价值难以量化，还会产出大量衍生或增值数据，许多虚拟、跨境数字产品和服务还未被纳入现行税制，给税收评估带来困难。传统税制遵循地域性原则，而数字服务可以在全球范围内提供，导致传统税收制度难以界定服务的来源地和消费地，虚拟货币的使用更是增加了交易的匿名性，给税收征管带来了新的挑战。新事物的产生给现行制度带来新的挑战，国际上尚未形成统一的数字税收标准，各国在税收政策上的差异可能导致税收竞争，使企业的合规成本和复杂性增加。因此，需对现行传统税制进行改革，构建数字税收制度体系。数字税制复杂且涉及面广，需兼顾特殊国情与国际税改趋势，审慎稳妥地推进。具体地，一是进一步明确课税对象边界，学习借鉴先行实践国家在应税服务、应税门槛、税基税率等方面的探索经验，明确数字化服务和数字产品纳税人的范畴，对数据"无形资产"税收范围进行重新界定，避免重复征税和税收真空问题。二是积极开展数字税收试点示范，在不同地区开展不同类型的数字税收征收试点，在贵州省、京津冀、珠江三角和重庆市等国家大数据综合试验区围绕数据资源管理与共享开放、数据中心整合等开展系统性试验。在杭州市、深圳市等地，探索对直播、零工经济等数字新业态的征税制度设计。在上海、海南和广东等自由贸易试验区，探索数字贸易的征税措施。三是积极主动参与国际数字税收制度规则的制定，各国对数字税尚未形成国际共识，数字税征收方案差异较大，征税范围和标准并不统一。需积极参与国际数字税收制度规则的制定，构建税基共建与利润共享的全球数字税收制度，赢得数字税收的制度性国际话语权。总之，完善数字税收制度体系，是一项复杂而繁重的任务，开征数字税既要立足于国情，又要与国际接轨，以公平竞争、普惠共享为导向，增强数字税收制度的包容性和科学性。

（四）推进建设数字基础设施体系

数字基础设施已成为推动经济增长和社会变革的关键要素。无论是在城市化进程加速的背景下，还是在全球经济互联互通的趋势中，健全的数字基础设施不仅能促进信息的高效流通，还能为商业活动、教育、医疗和公共服务等多个领域提供强有力的支持。党的二十届三中全会审议通过的《中共中央关于进一步全面深化改革　推进中国式现代化的决定》提出，建设和运营国家数据基础设施，促进数据共享。加快数字基础设施发展，推进数字基础设施体系完善，是强国建设的重要任务和关键举措。

各国对数字基础设施作出全面竞争性战略部署。美国发布《美国国际网络空间和数字政策战略：迈向创新、安全和尊重权利的数字未来》（*United States' International Cyberspace and Digital Policy Strategy：Towards an Innovative，Secure，and Rights-Respecting Digital Future*），加强数字和网络能力建设。美国国际开发署发布了未来十年的新数字政策，该政策将获得 1460 万美元的资金支持，重点关注基础设施建设、数字知识和技术改进以及隐私和安全保障等领域。支持"负责任地采用"人工智能。欧盟发布了《塑造欧洲数字未来》（*Shaping Europe's Digital Future*）、《欧洲数据战略》（*A European Strategy for Data*）等一系列战略性文件与计划，强调"战略自主"框架下的数字基础设施建设。日本推进基础设施数字化战略转型，推出《基础设施海外推进战略 2025（修订版）》，强调加强"服务化"和"商业化"基础设施建设（魏际刚，2024）。数字基础设施发展具有全局性和战略性作用，是数字强国建设的重要抓手。积极谋划数字基础设施建设，加快网络基础设施的全面升级、数据中心与云计算平台建设、物联网与智能设备的广泛应用及人工智能与大数据技术融合，打造算力设施、数据设施、感知设施等一体化发展的数字基础设施体系。促进多元异构算力融合发展，促进智能计算和高性能计算等算力资源综合应用，提升智能算力在人工智能等领域的适配水平，增强计算密集型、数据密集型等业务的算力支撑能力。充分发挥数字技术优势，提升数据资产价值化。加强新赛道、新领域数字基础设施建设，催生数字新产业。

第十章　研究结论与展望

新一轮科技革命和产业变革持续演变，软件和信息技术服务、物联网、光电子信息等数字产业快速发展，数字技术、数据、网络、平台等资源要素驱动新模式、新业态，数字产业在继承传统产业特性优势的基础上呈现出新型特征，已成为各国产业竞争高地。

第一节　研究结论

基于前人的研究，本书运用比较分析、案例分析、统计分析和计量实证分析等方法，遵循从理论研究到实证分析再到政策路径的研究思路，得到以下研究结论。

一是数字产业的定义通常包括数字内容生产、数字服务和以数字技术、数字要素为基础的产业链条等多个方面，其广泛的应用场景正在重塑现代化产业体系。数字产业通过"技术—空间—生态"的逻辑推动新质生产力的发展。同时，数字产业的创新驱动等特征促使产业生产效率和生产能级不断提升，在促进全国统一大市场建设、共同富裕和高质量发展等方面发挥着重要作用。

二是中国数字产业经历了从萌芽阶段的信息经济到融合发展阶段的数字经济转变。萌芽阶段以信息经济为主要特征，信息技术的快速发展和互联网的普及推动了数字产业的初步成长。融合发展阶段则以数字经济的蓬勃发展为契机，数字技术创新活跃，数字经济开始向移动端转移，大数据、云计算和物联网技术的成熟应用推动了数字经济的智能化和服务化发展。中国数字产业规模呈现出明显的增长趋势，数字产业占 GDP 的比重逐年上升。数字产业内部结构也发生了深刻变化，数字技术应用业和数字要素驱动业增长显著，数字产业从以产品制造为主转向以技术服务和要素驱动为主的模式。中国数字产业发展面临着区域发展不均衡、不确定性增加、关键领域创新能力不足和数字治理体系不健全等挑战，数字产业发展"两头承压"现象明显。

三是从产业盈利能力、产业生产效率、产业产出能力和产业出口竞争力四个维度构建数字产业竞争力评价指标体系，并通过指标无量纲化处理和均等化赋权等方法测算中国数字产业竞争力指数。测算结果显示，近年来中国数字产业竞争力总体呈增长态势，具有较强的产业链韧性和巨大的生产能力。分维度看，中国数字产业竞争力竞相迸发，产业盈利能力增速明显，生产效率稳步提升，产出规模不断加大，出口竞争力波动明显。中国数字产业竞争力区域差距明显，东部沿海地区数字产业发展较为领先，而成渝、长江中游等地区加速追赶，中国数字产业发展形成"弓箭型"空间发展格局。广东省、江苏省和浙江省的数字产业竞争力位居全国前三位，而新疆维吾尔自治区、海南省和甘肃省均排名靠后。全球数字产业竞争力呈现出"一超多强"的局面，美国在数字产业竞争力上具有绝对领先优势，在产业盈利能力、产业生产效率和产业产出能力三个维度都明显强于其他国家，中国的数字产业竞争力在全球处于第二梯度。

四是数字产业是先进高端产业的代表，深刻改变了生产力要素构成，对推动新质生产力发展具有重要的战略意义。通过研究数字产业竞争力和新质生产力之间的关系，本书发现数字产业竞争力的提升有利于促进新质生产力的发展，数字产业竞争力对新质生产力形成的作用渠道主要体现在产业结构优化、创新资源配置和技术创新三个层面。同时，数字产业竞争力对新质生产力的影响存在明显的异质性，高金融集聚区数字产业竞争力对新质生产力的促进作用相对于低金融集聚区而言更为明显，东部、中部地区的数字产业竞争力提升对新质生产力的影响相较西部地区更显著，这与地区间的数字产业发展成熟度有很大关系。数字产业处于起步发展阶段的地区，其驱动作用还并未充分展现。

五是 ESG 已成为衡量企业可持续高质量发展的重要参照系，正加速成为企业"必答题"。利用 2012~2022 年中国沪深 A 股上市公司中数字产业公司样本数据，实证分析数字产业竞争力对企业 ESG 表现的影响。研究发现，数字产业竞争力与企业 ESG 表现之间存在显著的正相关关系，从环境、社会和治理表现三个维度进行分项效应检验，也都呈现出显著的正相关关系。企业产权属性和区位条件会直接影响数字产业竞争力的发挥，所以在制定相关政策时需要考虑这种差异化特征，鼓励国有企业和东部地区企业带头提升

ESG 表现。

六是影响中国数字产业竞争力提升的因素是多方面的，这就要求数字产业的发展应该围绕夯实产业基础、打造数字产业集群、完善数字治理体系和服务高质量发展等核心目标，遵循精准性、市场化、竞争性、可持续发展和创新驱动原则，多维度谋划数字产业竞争力提升的战略路径。具体地，需不断完善科技创新组织方式和治理体系，加强重点领域研发经费投入，推进关键核心技术协同攻关，加快培育世界级高端数字产业集群。围绕国家重大需求、区域发展战略和颠覆性创新，推动数字产业全产业链统筹部署、协调发展。通过建立全方位人才、治理、税收和基础设施等体系，不断强化数字产业竞争力提升的内生动力。

第二节　研究展望

本书的研究重点集中在中国数字产业竞争力提升的路径分析上，对中国数字产业竞争力提升的理论基础与战略要义、历史演进与发展现状进行考察，并分别对数字产业竞争力与新质生产力、企业 ESG 表现的关系进行研究，对数字产业竞争力提升的影响因素进行剖析，最后基于国内外先进经验，提出数字产业竞争力提升的路径选择。需要指出的是，虽然本书尽可能地对中国数字产业竞争力进行有益探讨，但随着研究工具、方法、实践内容的不断创新，仍存在一定的局限性，主要有以下三方面不足，有待进一步探索。

一是数字产业竞争力测度指标体系的构建还需进一步完善。受限于数据的可得性，本书主要围绕产业盈利能力、产业生产效率、产业产出能力和产业出口竞争力四个维度构建数字产业竞争力评价指标体系，对中国数字产业竞争力现状进行测度评价。如果指标构建中能包含更多的维度，如技术创新能力、人力资源水平、产业链韧性等方面，就能够更加全面和准确地反映中国数字产业竞争力的真实情况。

二是数字产业竞争力提升的影响因素还可以进一步挖掘。在数字产业竞争力评价的基础上，对数字产业发展存在的问题和竞争力提升的影响因素进行剖析，主要考虑资本深化、研发投入、经济开放度、市场环境、外商投资和地区经济发展水平 6 个因素，鉴于数据的可得性和其他局限性，并没有将所有影响数字产业竞争力提升的因素都纳入其中。下一步可以根据研究的需要，对数字产业竞争力的影响因素进行深入挖掘。

　　三是数字产业竞争力提升路径的研究可以进一步细化。随着产业分工的日益深化，数字产业发展领域将不断丰富。虽然本书从多个维度对数字产业竞争力提升路径进行了分析，但主要聚焦于中观层面和宏观层面，若能够延展到微观层面，将能够延展本书的深度。

参 考 文 献

[1] 安同良，魏婕，舒欣．中国制造业企业创新测度——基于微观创新调查的跨期比较 [J]．中国社会科学，2020（3）．

[2] 白雪洁，李琳，宋培．兼顾效率与公平：中国数字经济发展对经济增长与收入不平等的影响研究 [J]．西安交通大学学报（社会科学版），2023（1）．

[3] 白仲林，贾鸿业．碳达峰与数字经济发展"双赢"的政策配置研究 [J]．南开经济研究，2024（5）．

[4] 柏培文，喻理．数字经济发展与企业价格加成：理论机制与经验事实 [J]．中国工业经济，2021（11）．

[5] 柏淑嫄，潘子成，曹伟，等．企业大数据应用对 ESG 评价的影响 [J]．世界经济，2024（8）．

[6] 毕达天，黄伟鑫，王璐，等．城市数字经济发展如何影响企业 ESG 表现——绿色高质量发展的城企协同路径 [J]．科学学研究，2024（3）．

[7] 蔡昉．生产率、新动能与制造业——中国经济如何提高资源重新配置效率 [J]．中国工业经济，2021（5）．

[8] 蔡礼辉，张朕，朱磊．全球价值链嵌入与二氧化碳排放——来自中国工业面板数据的经验研究 [J]．国际贸易问题，2020（4）．

[9] 蔡庆丰，陈熠辉，林焜．信贷资源可得性与企业创新：激励还是抑制——基于银行网点数据和金融地理结构的微观证据 [J]．经济研究，2020（10）．

[10] 蔡跃洲，牛新星．中国数字经济增加值规模测算及结构分析 [J]．中国社会科学，2021（11）．

[11] 蔡跃洲，王麒植，钟洲．线上排他行为、阶段性特征与数字平台治理：三方动态博弈分析 [J]．经济研究，2024（5）．

[12] 曹明星．数字经济国际税收改革：理论探源、方案评析与中国抉择 [J]．财贸经济，2022（1）．

[13] 陈昌盛, 胡翠, 许伟. 中国出口竞争力评估与结构性挑战——2012年以来中国商品国际竞争力研究 [J]. 管理世界, 2022 (12).

[14] 陈春花, 朱丽, 钟皓, 等. 中国企业数字化生存管理实践视角的创新研究 [J]. 管理科学学报, 2019 (10).

[15] 陈刚. 管制与创业——来自中国的微观证据 [J]. 管理世界, 2015 (5).

[16] 陈林生, 赵星, 明文彪, 等. 元宇宙技术本质、演进机制与其产业发展逻辑 [J]. 科学学研究, 2024 (2).

[17] 陈强远, 崔雨阳, 蔡卫星. 数字政府建设与城市治理质量: 来自公共安全部门的证据 [J]. 数量经济技术经济研究, 2024 (9).

[18] 陈晓红, 李杨扬, 宋丽洁, 等. 数字经济理论体系与研究展望 [J]. 管理世界, 2022 (2).

[19] 陈雨露. 数字经济与实体经济融合发展的理论探索 [J]. 经济研究, 2023 (9).

[20] 陈昭锋, 张红倩. 美国数字经济发展的经验与启示 [J]. 经济研究导刊, 2022 (23).

[21] 崔党群. Logistic 曲线方程的解析与拟合优度测验 [J]. 数理统计与管理, 2005 (1).

[22] 崔秀梅, 肖祎宁, 王菁华. 企业 ESG 表现能否降低破产风险? [J]. 审计与经济研究, 2024 (5).

[23] 戴魁早, 刘友金. 市场化进程对创新效率的影响及行业差异——基于中国高技术产业的实证检验 [J]. 财经研究, 2013 (5).

[24] 戴明锋, 李宗和, 吴翌琳. 长三角地区高新技术产业竞争力评价研究 [J]. 中国科技论坛, 2021 (11).

[25] 戴若尘, 王艾昭, 陈斌开. 中国数字经济核心产业创新创业: 典型事实与指数编制 [J]. 经济学动态, 2022 (4).

[26] 戴翔, 刘梦, 张为付. 本土市场规模扩张如何引领价值链攀升 [J]. 世界经济, 2017 (9).

[27] 董文婷, 张靖佳, 王伟楠, 等. 互补效应下企业研发投入与创新能力的相互关系研究 [J]. 科研管理, 2024 (9).

[28] 董直庆, 胡晟明. 创新要素空间错配及其创新效率损失: 模型分解与中国证据 [J]. 华东师范大学学报 (哲学社会科学版), 2020 (1).

[29] 杜传忠. 新质生产力形成发展的强大动力 [J]. 人民论坛, 2023

(21).

[30] 杜修立，王维国. 中国出口贸易的技术结构及其变迁：1980—2003 [J]. 经济研究，2007 (7).

[31] 段巍，舒欣，吴福象，等. 无形资本、资本—技能互补与技能溢价 [J]. 经济研究，2023 (3).

[32] 樊纲，王小鲁，马光荣. 中国市场化进程对经济增长的贡献 [J]. 经济研究，2011 (9).

[33] 方敏，杨虎涛. 政治经济学视域下的新质生产力及其形成发展 [J]. 经济研究，2024 (3).

[34] 方霞，李秀珍，胡锦辉，等. 中国数字金融发展与企业出口技术水平提升：基于出口技术复杂度的研究 [J]. 国际贸易问题，2023 (10).

[35] 方先明，胡丁. 企业 ESG 表现与创新——来自 A 股上市公司的证据 [J]. 经济研究，2023 (2).

[36] 冯永琦，林凰锋. 数据要素赋能新质生产力：理论逻辑与实践路径 [J]. 经济学家，2024 (5).

[37] 付成林，王德新. 数字经济与统一大市场的因果效应与作用机制——基于有效市场和有为政府视角 [J]. 南方经济，2023 (12).

[38] 傅朝阳. 中国出口商品比较优势的实证分析：1980 - 2000 [J]. 世界经济研究，2005 (3).

[39] 高帆. "新质生产力" 的提出逻辑、多维内涵及时代意义 [J]. 政治经济学评论，2023 (6).

[40] 高奇琦. 国家数字能力：数字革命中的国家治理能力建设 [J]. 中国社会科学，2023 (1).

[41] 耿晔强，白力芳. 人力资本结构高级化、研发强度与制造业全球价值链升级 [J]. 世界经济研究，2019 (8).

[42] 顾丽敏，张骁. 数字经济驱动企业商业模式创新的动因、机理与路径 [J]. 南京社会科学，2023 (12).

[43] 郭金花，朱承亮. 数字化转型、人力资本结构调整与制造业企业价值链升级 [J]. 经济管理，2024 (1).

[44] 郭进，杨琦，吴海明. 科技金融赋能农业生产效率提升——来自科技金融试点政策的经验证据 [J]. 中国农村经济，2024 (5).

[45] 郭劲光. 提升数字产业集群竞争力 [N]. 经济日报，2024 - 07 - 25.

[46] 郭庆，张杰. 国外上游垄断对中国制造业企业盈利能力的影响研究

［J］．世界经济与政治论坛，2022（2）．

［47］韩文龙，张瑞生，赵峰．新质生产力水平测算与中国经济增长新动能［J］．数量经济技术经济研究，2024（6）．

［48］杭静，申广军．金融危机后中国制造业部门的配置效率——基于生产网络视角的研究［J］．金融研究，2024（2）．

［49］何雅兴，李丹，王松．中间投入结构调整的产出效应——基于内向化和数字化的双重视角［J］．数量经济技术经济研究，2023（8）．

［50］洪俊杰，李研，杨曦．数字经济与收入差距：数字经济核心产业的视角［J］．经济研究，2024（5）．

［51］洪银兴，任保平．数字经济与实体经济深度融合的内涵和途径［J］．中国工业经济，2023（2）．

［52］洪银兴．强化竞争政策的基础地位［N］．光明日报，2020－06－16．

［53］胡洪彬．习近平总书记关于新质生产力重要论述的理论逻辑与实践进路［J］．经济学家，2023（12）．

［54］胡宗义，李好，刘佳琦，等．政府环境责任能否促进绿色经济发展——兼论制度、技术与理念的影响［J］．统计研究，2024（9）．

［55］黄大禹，谢获宝，孟祥瑜，等．数字化转型与企业价值——基于文本分析方法的经验证据［J］．经济学家，2021（12）．

［56］黄阳华．基于多场景的数字经济微观理论及其应用［J］．中国社会科学，2023（2）．

［57］惠宁，宁楠．数字经济驱动公共服务质量提升的效应与机制研究［J］．北京工业大学学报（社会科学版），2023（1）．

［58］季鹏，袁莉琳．京津冀数字产品制造业的时空演化特征与经济效应［J］．经济地理，2024（4）．

［59］蒋军锋，尚晏莹．数据赋能驱动制造企业服务化的路径［J］．科研管理，2022（4）．

［60］蒋永穆，乔张媛．新质生产力：逻辑、内涵及路径［J］．社会科学研究，2024（1）．

［61］金碚．面对困境 日本计划进行经济结构的重大改革［J］．经济管理，1998（9）．

［62］金飞，陈晓峰．长三角数字一体化水平测度及其影响因素分析——数字经济驱动视角［J］．科技管理研究，2022（24）．

［63］靳来群，胡善成，张伯超．中国创新资源结构性错配程度研究［J］．

科学学研究，2019（3）.

［64］来有为，陈红娜.以扩大开放提高中国服务业发展质量和国际竞争力［J］.管理世界，2017（5）.

［65］赖立，谭培文.数字中国建设背景下数字消费的内涵、困境及发展路径［J］.经济学家，2023（12）.

［66］雷光勇，王文，金鑫.公司治理质量、投资者信心与股票收益［J］.会计研究，2012（2）.

［67］李海舰，李真真.数字经济促进共同富裕：理论机理与策略选择［J］.改革，2023（12）.

［68］李俊明，魏雯琪，张鹏，等.中国市域数字经济发展对减污降碳协同的促进效应及其空间分异［J］.经济地理，2023（12）.

［69］李亮亮.中国数字产业链发展水平、时空特征与区域差异［J］.统计与决策，2024（1）.

［70］李培楠，万劲波.工业互联网发展与"两化"深度融合［J］.中国科学院院刊，2014（2）.

［71］李三希，李嘉琦，刘小鲁.数据要素市场高质量发展的内涵特征与推进路径［J］.改革，2023（5）.

［72］李涛，徐翔.加强数字经济国际合作　推动全球数字治理变革［N］.光明日报，2022-09-06.

［73］李伟.数字经济发展的底层理论逻辑、发达国家战略部署及我国应对［J］.中国软科学，2023（5）.

［74］李燕凌，蔡湘杰.科技金融促进了工业新质生产力发展吗？［J］.财经理论与实践，2024（11）.

［75］李毅，李明，罗媞，等.湖南省各地级市产业技术选择指数的实证研究［J］.经济地理，2019（6）.

［76］李月，蔡礼辉.结构性改革能否促进全球价值链地位的攀升——基于中国工业面板数据的实证研究［J］.南开经济研究，2020（5）.

［77］李政，廖晓东.发展"新质生产力"的理论、历史和现实"三重"逻辑［J］.政治经济学评论，2023（6）.

［78］李宗泽，李志斌.企业ESG信息披露同群效应研究［J］.南开管理评论，2023（5）.

［79］林毅夫，李永军.比较优势、竞争优势与发展中国家的经济发展［J］.管理世界，2003（7）.

[80] 刘柏,卢家锐,琚涛.形式主义还是实质主义:ESG 评级软监管下的绿色创新研究 [J].南开管理评论,2023 (5).

[81] 刘伟,许宪春,熊泽泉.数字经济分类的国际进展与中国探索 [J].财贸经济,2021 (7).

[82] 刘伟.科学认识与切实发展新质生产力 [J].经济研究,2024 (3).

[83] 刘向东,刘雨诗,陈成漳.数字经济时代连锁零售商的空间扩张与竞争机制创新 [J].中国工业经济,2019 (5).

[84] 刘洋,董久钰,魏江.数字创新管理:理论框架与未来研究 [J].管理世界,2020 (7).

[85] 刘友金.产业集群竞争力评价量化模型研究——GEM 模型解析与 GEMN 模型构建 [J].中国软科学,2007 (9).

[86] 陆小莉,刘强,孙慧慧.中国数字化产业竞争力的区域差异与影响效应 [J].经济与管理研究,2021 (4).

[87] 罗勇,曹丽莉.中国制造业集聚程度变动趋势实证研究 [J].经济研究,2005 (8).

[88] 马克思.《资本论》(第 1 卷) [M].北京:人民出版社,2004.

[89] 马玉婷,叶初升.新质生产力的发展经济学意义 [N].光明日报,2024-02-20.

[90] 马昀,卫兴华.用唯物史观科学把握生产力的历史作用 [J].中国社会科学,2013 (11).

[91] 毛丰付,高雨晨,周灿.长江经济带数字产业空间格局演化及驱动因素 [J].地理研究,2022 (6).

[92] 毛其淋,王玥清.ESG 的就业效应研究:来自中国上市公司的证据 [J].经济研究,2023 (7).

[93] 倪红福,王海成.企业在全球价值链中的位置及其结构变化 [J].经济研究,2022 (2).

[94] 倪一宁,孟宁,马野青.区域潜在比较优势、创新激励政策与企业创新 [J].经济科学,2024 (2).

[95] 牛志伟,邹昭晞.比较优势动态转换与产业升级——基于中国制造业发展指标的国际比较 [J].改革,2020 (2).

[96] 欧阳日辉,杜青青.数据要素定价机制研究进展 [J].经济学动态,2022 (2).

[97] 欧阳日辉,荆文君.数字经济发展的"中国路径":典型事实、内

在逻辑与策略选择 [J]. 改革, 2023 (8).

[98] 庞瑞芝, 李帅娜. 数字经济下的 "服务业成本病": 中国的演绎逻辑 [J]. 财贸研究, 2022 (1).

[99] 裴长洪, 倪江飞, 李越. 数字经济的政治经济学分析 [J]. 财贸经济, 2018 (9).

[100] 彭华涛, 祁伟, 潘月怡, 等. 高价值专利对于新兴技术企业成长的影响研究 [J]. 科学学研究, 2024 (12).

[101] 平心.《论生产力问题》[M]. 北京: 三联书店, 1980.

[102] 戚聿东, 杜博, 叶胜然. 知识产权与技术标准协同驱动数字产业创新: 机理与路径 [J]. 中国工业经济, 2022 (8).

[103] 邱牧远, 殷红. 生态文明建设背景下企业 ESG 表现与融资成本 [J]. 数量经济技术经济研究, 2019 (3).

[104] 任保平. 生产力现代化转型形成新质生产力的逻辑 [J]. 经济研究, 2024 (3).

[105] 阮建青, 石琦, 张晓波. 产业集群动态演化规律与地方政府政策 [J]. 管理世界, 2014 (12).

[106] 邵春堡. 三个维度打造数字产业集群 [N]. 学习时报, 2021 - 07 - 30.

[107] 邵汉华, 钟琪. 研发要素空间流动与区域协同创新效率 [J]. 软科学, 2018 (11).

[108] 申广军. 比较优势与僵尸企业: 基于新结构经济学视角的研究 [J]. 管理世界, 2016 (12).

[109] 盛斌, 景光正. 金融结构、契约环境与全球价值链地位 [J]. 世界经济, 2019 (4).

[110] 石凡, 王克明. 地方政府官员环保考核压力与上市公司 ESG 表现 [J]. 财经问题研究, 2023 (6).

[111] 石建勋, 徐玲. 加快形成新质生产力的重大战略意义及实现路径研究 [J]. 财经问题研究, 2024 (1).

[112] 史丹, 张成. 中国制造业产业结构的系统性优化——从产出结构优化和要素结构配套视角的分析 [J]. 经济研究, 2017 (10).

[113] 史丹. 数字经济条件下产业发展趋势的演变 [J]. 中国工业经济, 2022 (11).

[114] 舒季君, 周建平, 陈亦婷, 等. 中国省域数字经济的空间演化特

征及其城乡融合效应 [J]. 经济地理, 2022 (8).

[115] 宋德勇, 朱文博, 丁海. 企业数字化能否促进绿色技术创新——基于重污染行业上市公司的考察 [J]. 财经研究, 2022 (4).

[116] 宋周莺. 世界信息化发展空间格局及对中国的启示 [J]. 世界地理研究, 2012 (2).

[117] 苏杭, 郑磊, 牟逸飞. 要素禀赋与中国制造业产业升级——基于WIOD 和中国工业企业数据库的分析 [J]. 管理世界, 2017 (4).

[118] 孙焱林, 马绍雄, 汪小愉. 数字经济发展不平衡抑制了经济周期协同性吗? [J]. 经济问题探索, 2022 (8).

[119] 陶长琪, 徐茉. 经济高质量发展视阈下中国创新要素配置水平的测度 [J]. 数量经济技术经济研究, 2021 (3).

[120] 田毕飞, 陈紫若. 创业与全球价值链分工地位: 效应与机理 [J]. 中国工业经济, 2017 (6).

[121] 万幼清. 产业集群核心竞争力研究 [M]. 北京: 人民出版社, 2013.

[122] 王彬燕, 田俊峰, 程利莎, 等. 中国数字经济空间分异及影响因素 [J]. 地理科学, 2018 (6).

[123] 王海军, 王淞正, 张琛, 等. 数字化转型提高了企业 ESG 责任表现吗——基于 MSCI 指数的经验研究 [J]. 外国经济与管理, 2023 (6).

[124] 王浩宇. 资本市场开放会提高企业可持续发展能力吗——基于企业 ESG 表现的研究 [J]. 财经问题研究, 2023 (7).

[125] 王宏鸣, 陈永昌, 杨晨. 数字化能否改善创新要素错配——基于创新要素区际流动视角 [J]. 证券市场导报, 2022 (1).

[126] 王缉慈等. 创新的空间——产业集群与区域发展 [M]. 北京: 科学出版社, 2019.

[127] 王俊豪, 周晟佳. 中国数字产业发展的现状、特征及其溢出效应 [J]. 数量经济技术经济研究, 2021 (3).

[128] 王黎萤, 楼源, 赵春苗, 等. 标准与知识产权推进数字产业创新理论与展望 [J]. 科学学研究, 2022 (4).

[129] 王敏, 齐潇, 李萌. 数字经济发展、资本配置与区域碳减排 [J]. 财经科学, 2024 (3).

[130] 王巧, 尹晓波. 数字经济如何影响制造业出口竞争力? [J]. 经济与管理研究, 2024 (11).

[131] 王淑娟. 产业集群创新体系理论与实证研究 [M]. 北京：经济科学出版社，2022.

[132] 王文臣，马梦雪. 论大数据作为生产要素的资本化及其双重影响 [J]. 上海财经大学学报，2022 (6).

[133] 王文姬，夏杰长. 着力打造中国特色数字产业集群 [N]. 中国社会科学报，2024 - 07 - 30.

[134] 王文泽. 以智能制造作为新质生产力支撑引领现代化产业体系建设 [J]. 当代经济研究，2024 (2).

[135] 王晓红，栾翔宇，张少鹏. 企业研发投入、ESG 表现与市场价值——企业数字化水平的调节效应 [J]. 科学学研究，2023 (5).

[136] 王欣亮，刘飞. 创新要素空间配置促进产业结构升级路径研究 [J]. 经济体制改革，2018 (6).

[137] 王应欢，郭永祯. 企业数字化转型与 ESG 表现——基于中国上市企业的经验证据 [J]. 财经研究，2023 (9).

[138] 王玉燕，林汉川，吕臣. 全球价值链嵌入的技术进步效应——来自中国工业面板数据的经验研究 [J]. 中国工业经济，2014 (9).

[139] 魏浩，毛日昇，张二震. 中国制成品出口比较优势及贸易结构分析 [J]. 世界经济，2005 (2).

[140] 魏际刚. 建设全球领先的数智基础设施 [N]. 中国经济时报，2024 - 11 - 12.

[141] 魏守华. 集群竞争力的动力机制以及实证分析 [J]. 中国工业经济，2002 (10).

[142] 吴非，胡慧芷，林慧妍，等. 企业数字化转型与资本市场表现——来自股票流动性的经验证据 [J]. 管理世界，2021 (7).

[143] 吴静，张凤. 智库视角下国外数字经济发展趋势及对策研究 [J]. 科研管理，2022 (8).

[144] 吴珂. 大力推进现代化产业体系建设　加快发展新质生产力 [N]. 中国经济时报，2024 - 05 - 14.

[145] 吴翌琳. 国家数字竞争力指数构建与国际比较研究 [J]. 统计研究，2019 (11).

[146] 伍先福，黄骁. 工业互联网对战略性新兴产业企业盈利能力的影响 [J]. 软科学，2024 (1).

[147] 武前波，万为胜，洪明. 杭州数字经济产业空间演变及其影响机

制 [J]. 经济地理, 2022 (12).

[148] 习近平在黑龙江考察时强调 牢牢把握在国家发展大局中的战略定位 奋力开创黑龙江高质量发展新局面 [N]. 人民日报, 2023 – 09 – 09.

[149] 习近平主持召开新时代推动东北全面振兴座谈会强调 牢牢把握东北的重要使命 奋力谱写东北全面振兴新篇章 [N]. 人民日报, 2023 – 09 – 10.

[150] 夏杰长, 李銮淼, 刘怡君. 数字经济如何打破省际贸易壁垒——基于全国统一大市场建设的中国经验 [J]. 经济纵横, 2023 (2).

[151] 夏杰长, 刘诚. 数字经济赋能共同富裕: 作用路径与政策设计 [J]. 经济与管理研究, 2021 (9).

[152] 夏杰长. 打造具有国际竞争力的数字产业集群 [N]. 经济日报, 2024 – 05 – 22.

[153] 肖静华, 吴小龙, 谢康, 等. 信息技术驱动中国制造转型升级——美的智能制造跨越式战略变革纵向案例研究 [J]. 管理世界, 2021 (3).

[154] 谢康, 肖静华. 面向国家需求的数字经济新问题、新特征与新规律 [J]. 改革, 2022 (1).

[155] 谢云飞. 数字经济对区域碳排放强度的影响效应及作用机制 [J]. 当代经济管理, 2022 (2).

[156] 徐大丰. 资本深化、技术进步与中国碳排放 EKC 的形成 [J]. 系统工程理论与实践, 2022 (6).

[157] 徐冬梅, 陶长琪. 要素配置结构优化如何影响制造业高质量发展 [J]. 数量经济研究, 2022 (3).

[158] 徐光伟, 唐秀婷, 刘星. 高铁开通改善了企业 ESG 表现吗——绿色技术创新的中介效应 [J]. 软科学, 2024 (6).

[159] 徐建斌, 彭瑞娟, 何凡. 政府创新补贴提升数字经济企业研发强度了吗? [J]. 经济管理, 2023 (4).

[160] 徐丽梅. 全球数字经济企业竞争力评价研究 [J]. 上海经济, 2020 (3).

[161] 徐维祥, 周建平, 刘程军. 数字经济发展对城市碳排放影响的空间效应 [J]. 地理研究, 2022 (1).

[162] 徐晔, 赵金凤. 中国创新要素配置与经济高质量耦合发展的测度 [J]. 数量经济技术经济研究, 2021 (10).

[163] 许宪春, 张美慧. 中国数字经济规模测算研究——基于国际比较

的视角 [J]. 中国工业经济, 2020 (5).

[164] 闫广, 忻华. 中美欧竞争背景下的欧盟"数字主权"战略研究 [J]. 国际关系研究, 2023 (3).

[165] 阳立高, 邬佩云, 韩峰. 数字产业与制造业协同集聚对企业绿色创新的影响研究 [J]. 财经理论与实践, 2024 (3).

[166] 阳镇, 王文娜. 产业链链主视角下的关键核心技术突破: 角色适配性、模式选择与推进体系 [J]. 改革, 2024 (9).

[167] 阳镇, 王文娜. 数字经济国际竞争力: 国际经验与中国路径 [J]. 上海财经大学学报, 2024 (4).

[168] 杨虎涛, 胡乐明. 不确定性、信息生产与数字经济发展 [J]. 中国工业经济, 2023 (4).

[169] 杨慧梅, 江璐. 数字经济、空间效应与全要素生产率 [J]. 统计研究, 2021 (4).

[170] 杨蕙馨, 李春梅. 中国信息产业技术进步对劳动力就业及工资差距的影响 [J]. 中国工业经济, 2013 (1).

[171] 杨仁发, 郑媛媛. 数字经济发展对全球价值链分工演进及韧性影响研究 [J]. 数量经济技术经济研究, 2023 (8).

[172] 杨汝岱, 李艳, 孟珊珊. 企业数字化发展、全要素生产率与产业链溢出效应 [J]. 经济研究, 2023 (11).

[173] 杨子荣. 企业盈利能力、金融竞争程度与最优金融结构 [J]. 世界经济, 2019 (6).

[174] 姚加权, 张锟澎, 郭李鹏, 等. 人工智能如何提升企业生产效率——基于劳动力技能结构调整的视角 [J]. 管理世界, 2024 (2).

[175] 姚洋, 张晔. 中国出口品国内技术含量升级的动态研究——来自全国及江苏省、广东省的证据 [J]. 中国社会科学, 2008 (2).

[176] 姚毓春, 李金城. 数字化转型与国有企业技术创新: 基于环境不确定性与关系嵌入的新视角 [J]. 中国软科学, 2024 (7).

[177] 姚战琪. 创新驱动政策对数字贸易国际竞争力的影响——以国家自主创新示范区试点为准自然实验 [J]. 改革, 2024 (3).

[178] 叶祥松, 刘敬. 政府支持与市场化程度对制造业科技进步的影响 [J]. 经济研究, 2020 (5).

[179] 于尔根·库钦斯基. 生产力的四次革命理论和对比, 洪佩郁、帕升禄、洪善楠译 [M]. 北京: 商务印书馆, 1984.

[180] 于柳箐, 高煜. 数据要素如何驱动制造业生产率提升 [J]. 财经科学, 2024 (1).

[181] 余文涛. 创意产业集聚及其生产效率研究——基于省会和副省级城市的经验分析 [J]. 经济学家, 2016 (6).

[182] 余运江, 杨力, 任会明, 等. 中国城市数字经济空间格局演化与驱动因素 [J]. 地理科学, 2023 (3).

[183] 余振, 陈文涵. 中美数字产业竞争力: 测算、比较以及启示 [J]. 求是学刊, 2022 (1).

[184] 袁淳, 肖土盛, 耿春晓, 等. 数字化转型与企业分工: 专业化还是纵向一体化 [J]. 中国工业经济, 2021 (9).

[185] 张翱, 孙久文. 数字经济发展与新质生产力的生成逻辑 [J]. 学术研究, 2024 (5).

[186] 张二震, 戴翔. 高质量利用外资与产业竞争力提升 [J]. 南开学报 (哲学社会科学版), 2018 (5).

[187] 张洪胜, 杜雨彤, 张小龙. 产业数字化与国内大循环 [J]. 经济研究, 2024 (5).

[188] 张虎, 张毅, 韩爱华. 我国产业链现代化的测度研究 [J]. 统计研究, 2022 (11).

[189] 张辉. 全球价值链下地方产业集群转型和升级 [M]. 北京: 经济科学出版社, 2006.

[190] 张林忆, 黄志高. 技术、空间与生态: 数字经济赋能新质生产力的逻辑探析 [J]. 经济学家, 2024 (8).

[191] 张琳, 于建贵. 习近平 "精准思维" 重要论述的理论阐释与科学逻辑 [J]. 思想理论教育导刊, 2021 (12).

[192] 张鹏杨, 唐宜红. FDI 如何提高中国出口企业国内附加值——基于全球价值链升级的视角 [J]. 数量经济技术经济研究, 2018 (7).

[193] 张群, 朱佳青, 韩立岩. 重大突发事件冲击下产业出口竞争力的波动研究 [J]. 统计研究, 2023 (5).

[194] 张少华, 朱雪冰, 陈鑫. 中国数字经济产业链的规模测度与循环研究 [J]. 数量经济技术经济研究, 2024 (3).

[195] 张顺. 数字经济时代如何实现更充分更高质量就业 [J]. 北京工商大学学报 (社会科学版), 2022 (6).

[196] 张菀洺, 代伟, 刘晓华. 深化市场化改革对科技创新活跃度的影

响［J］. 财贸经济, 2024 (11).

［197］张文, 郭苑, 徐小琴. 宏观视角下中国区域经济发展水平的结构性因素分析——基于 31 个省级地区数据的实证研究［J］. 经济体制改革, 2011 (2).

［198］张文魁. 数字经济的内生特性与产业组织［J］. 管理世界, 2022 (7).

［199］张夏恒, 刘彩霞. 数据要素推进新质生产力实现的内在机制与路径研究［J］. 产业经济评论, 2024 (3).

［200］张新民, 金瑛. 资产负债表重构: 基于数字经济时代企业行为的研究［J］. 管理世界, 2022 (9).

［201］张雪玲, 吴恬恬. 中国省域数字经济发展空间分化格局研究［J］. 调研世界, 2019 (10).

［202］张勋, 杨桐, 汪晨, 等. 数字金融发展与居民消费增长: 理论与中国实践［J］. 管理世界, 2020 (11).

［203］张熠, 陶旭辉. 人力资本进步、工资结构与区域赡养负担差异［J］. 经济研究, 2022 (5).

［204］赵放, 蒋国梁, 马婉莹. 数据要素市场赋能数字产业创新——来自准自然实验的证据［J］. 经济评论, 2024 (3).

［205］赵剑波. 新基建助力中国数字经济发展的机理与路径［J］. 区域经济评论, 2021 (2).

［206］赵静梅, 李钰琪, 钟浩. 数字经济、省际贸易成本与全国统一大市场［J］. 经济学家, 2023 (5).

［207］赵立斌, 张梦雪. 数字技术创新溢出对全球价值链结构性权力的影响——兼论中国的应对策略［J］. 经济学家, 2023 (11).

［208］赵立龙. 制造企业服务创新战略对竞争优势的影响机制研究［D］. 杭州: 浙江大学, 2012.

［209］赵涛, 张智, 梁上坤. 数字经济、创业活跃度与高质量发展——来自中国城市的经验证据［J］. 管理世界, 2020 (10).

［210］赵婷, 陈钊. 比较优势与产业政策效果: 区域差异及制度成因［J］. 经济学 (季刊), 2020 (3).

［211］赵晓斐, 刘斌. 制造业投入数字化与国内生产网络关联［J］. 国际贸易问题, 2023 (8).

［212］郑江淮, 陈喆, 冉征. 创新集群的"中心—外围结构": 技术互补

与经济增长收敛性研究 [J]. 数量经济技术经济研究, 2023 (1).

[213] 郑明贵, 董娟, 钟昌标. 资本深化对中国资源型企业全要素生产率的影响 [J]. 资源科学, 2022 (3).

[214] 中共中央关于进一步全面深化改革　推进中国式现代化的决定 [N]. 人民日报, 2024 - 08 - 15.

[215] 钟业喜, 毛炜圣. 长江经济带数字经济空间格局及影响因素 [J]. 重庆大学学报 (社会科学版), 2020 (1).

[216] 周海川, 刘帅, 孟山月. 打造具有国际竞争力的数字产业集群 [J]. 宏观经济管理, 2023 (7).

[217] 周金凯. 产业竞争力视角下中美贸易失衡问题的探析 [J]. 经济学家, 2020 (2).

[218] 周茂, 陆毅, 李雨浓. 地区产业升级与劳动收入份额: 基于合成工具变量的估计 [J]. 经济研究, 2018 (11).

[219] 周密, 郭佳宏, 王威华. 新质生产力导向下数字产业赋能现代化产业体系研究——基于补点、建链、固网三位一体的视角 [J]. 管理世界, 2024 (7).

[220] 周密, 王雷, 郭佳宏. 新质生产力背景下数实融合的测算与时空比较——基于专利共分类方法的研究 [J]. 数量经济技术经济研究, 2024 (7).

[221] 周文, 许凌云. 论新质生产力: 内涵特征与重要着力点 [J]. 改革, 2023 (10).

[222] 朱国军, 何静, 张宏远. 工业互联网平台领先企业数字化动态能力的形成与演化——基于华为公司的探索性纵向案例研究 [J]. 科技管理研究, 2023 (15).

[223] 朱钟棣, 李小平. 中国工业行业资本形成、全要素生产率变动及其趋异化: 基于分行业面板数据的研究 [J]. 世界经济, 2005 (9).

[224] 邹颖, 谢恒. 研发投入、企业竞争力与股权资本成本 [J]. 山西大学学报 (哲学社会科学版), 2020 (4).

[225] Acemoglu D, Aghion P, Bursztyn L, et al. The Environment and Directed Technical Change [J]. American Economic Review, 2012 (1).

[226] Aghion P, Bloom N, Griffith R, et al. Competition and Innovation: An Inverted U Relationship [J]. Quarterly Journal of Economics, 2005 (2).

[227] Brandt L, Biesebroeck J V, Zhang Y. Creative Accounting or Creative Destruction? [J]. Journal of Development Economics, 2012 (2).

[228] Bresnahan T F, M Trajtenberg. General Purpose Technologies: "Engines of Growth"? [J]. Journal of Econometrics, 1995 (1).

[229] Cohen W M, Levinthal D A. Innovation and Learning: The Two Faces of R&D [J]. Economic Journal, 1989 (397).

[230] Dosi G, Nelson R R, Winter S G. The Nature and Dynamics of Organizational Capabilities [M]. Oxford: Oxford University Press, 2000.

[231] Ejaz M R. Smart Manufacturing as A Management Strategy to Achieve Sustainable Competitiveness [J]. Journal of the Knowledge Economy, 2024 (1).

[232] Fischer M, Imgrund F, Janiesch C, et al. Strategy Archetypes for Digital Transformation: Defining Meta Objectives Using Business Process Management [J]. Information & management, 2020 (5).

[233] Glover A, Short J. Can Capital Deepening Explain the Global Decline in Labor's Share? [J]. Review of Economic Dynamics, 2020 (35).

[234] Hausmann R, Hwang J, Rodrik D. What You Export Matters [J]. Journal of Economic Growth, 2007 (12).

[235] Kogut B, Zander U. Knowledge of the Firm, Combinative Capabilities, and the Replication of Technology [J]. Organization Science, 1992 (3).

[236] Koopman R, Wang Z, Wei S J. Tracing Value-Added and Double Counting in Gross Exports [J]. The American Economic Review, 2014 (2).

[237] Krugman P. Increasing Returns and Economic Geography [J]. Journal of Political Economy, 1991 (3).

[238] Lewbel, A. Constructing Instruments for Regressions with Measurement Error when No Additional Data are Available, With an Application to Patents and R&D [J]. Econometrica, 1997 (5).

[239] Lipsey R G, Carlaw K I, Bekar C T. Economic Transformations: General Purpose Technologies and Long Term Economic Growth [M]. New York: Oxford University Press, 2005.

[240] Malerba F, Nelson R, Orsenigo L, et al. Demand, Innovation, and the Dynamics of Market Structure: The Role of Experimental Users and Diverse Preferences [J]. Journal of Evolutionary Economics, 2007 (4).

[241] Martin R, Sunley P. Deconstructing Clusters: Chaotic Concept or Policy Panacea? [J]. Journal of Economic Geography, 2003 (1).

[242] Porter, M. E., Competitive Advantage [M]. New York: Free Press,

1985.

[243] Sandkamp A. The Trade Effects of Antidumping Duties: Evidence from the 2004 EU Enlargement [J]. Journal of International Economics, 2020 (6).

[244] Seman, Govindan K, Mardani A, et al. The Mediating Effect of Green Innovation on the Relationship between Green Supply Chain Management and Environmental Performance [J]. Journal of Cleaner Production, 2019 (20).

[245] Solow R M. Technical Change and the Aggregate Production Function [J]. The Review of Economics and Statistics, 1957 (3).

[246] Tapscott D. The Digital Economy: Promise and Peril in the Age of Networked Intelligence. [M]. New York: MeGraw-Hill, 1996.

[247] Xia L, Baghaie S, Sajadi S M. The Digital Economy: Challenges and Opportunities in the New Era of Technology and Electronic Communications [J]. Ain Shams Engineering Journal, 2024 (2).

[248] Zhang W. The Dynamic Correlation Between Capital Deepening and Total Factor Productivity in China [J]. Journal of Advanced Computational Intelligence and Intelligent Informatics, 2020 (4).